"Kendinizi mutsuz ve çıkmazda hissediyorsanız, ***IKIGAI Uygulama Rehberi*** tam size göre! Çünkü geleceğe umutla ve yoğun duygularla bakmanızı, hayatı dolu dolu yaşamanızı sağlıyor."

BBC

"IKIGAI. I-KI-GA-I. Önümüzdeki yıllarda bu kelimeyi daha çok işiteceksiniz. Japonca olan bu kelime, hayatın anlamı ya da uğruna yaşadığınız şey anlamına geliyor; her sabah yataktan kalkmanızı sağlayan bir sebep. Uzun yaşam uzmanı Dan Buettner'e göre ömrü uzatmanın yolu ikigaiden geçiyor."

The Sunday Telegraph

"Mutluluk için yazılmış, yeni ve basit bir reçete."

Stylist

"İnsanların hayatta aradığı mutluluğun ve eğlencenin, küçük değişikliklerle mümkün olduğunu gösteren akıcı, yeterli derecede bilgilendirici, ustalıkla yazılmış, sizi içine çeken, ayrıca görselleri, maddeleri ve tablolarıyla eksiksiz bir kitap."

Publishers Weekly

"Meşguliyet aşina olduğum ve beni son derece heyecanlandıran bir kavram, neticede New York'ta yaşıyorum... Japonların ikigai kavramı (meşguliyetin mutluluğu) uzun yaşamanın kapılarını aralayabilir."

Mia Feitel, Elle.com

HÉCTOR GARCÍA & FRANCESC MIRALLES

IKIGAI

UYGULAMA REHBERİ

Japonların Uzun ve Mutlu Yaşam
Sırrını Hayata Geçirin

İNDİGO KİTAP

IKIGAI Uygulama Rehberi

Héctor García ve Francesc Miralles

Baskı: Ağustos 2020
ISBN: 978-605-2361-99-3
Yayınevi Sertifika No: 31594

Orijinal Adı: El método Ikigai: Despierta tu verdadera pasión y cumple
tus propósitos vitales
Fransızcadan çeviren: Nil Tuna
Editör: Seda Sevinç
Kapak Tasarımı: Hazar Ata
Kapak Uygulama: Yasin Öksüz

Baskı
My Matbaacılık San. ve Tic. Ltd. Şti.
Maltepe Mah. Yılanlı Ayazma Sok. No: 8 Kat: 2 Zeytinburnu / İstanbul
Tel: 0 (212) 674 85 28
Sertifika No: 47939

indigo yay

İNDİGO YAY. DAĞ. PAZ. REK. LTD. ŞTİ.
Tozkoparan Mah. General Ali Riza Gürcan Cad. Metropol Center A
No: 31 İç Kapi No: 54 Güngören/ İstanbul
Tel: 0 212 438 17 83 • Fax: 0 212 438 17 84
www.indigokitap.com • info@indigokitap.com

İNDİGO YAY Bir İndigo Kitap Yayın Dağ. Paz. Rek. Ltd. Şti. markasıdır.

Kendi tutkularını paylaşarak ve
diğer insanlarda yeni tutkular uyandırarak
bu dünyayı daha güzel ve sevgi dolu kılanlar için…

İÇİNDEKİLER

Bir ikigai macerası

Geleceğe Yolculuk

Geçmişe Yolculuk

Şimdiki Zamana Yolculuk

Sonsöz

Bir ikigai macerası

Mutluluğa yolculuk

Yaklaşık on sene önce, beklentilerimizin sınırlarını aşan bir projeye imza attık. Her şey, Tokyo'daki bir parkta otururken daldığımız bir sohbet sırasında başladı. Dünyanın en uzun ömürlü insanlarının yaşadığı Okinawa şehrinin kuzeyinde bulunan kırsal bir kasabayı, yani "asırlık insanların kasabası"nı ziyaret etme niyetimizden bahsediyorduk. Bunun üzerine biz de Okinawa sakinlerinin sırlarını keşfetmek üzere bu olağanüstü kasabaya gitmeye karar verdik. Böylesi bir motivasyon ve enerjiyle nasıl bu kadar uzun yaşayabiliyorlardı?

Yaşadığımız bu tecrübe nihayetinde bir kitap konusuna dönüştü: *IKIGAI, Japonların uzun ve mutlu yaşam sırrı*. Bu kitap ebediyen genç kalmanın sırlarından birini açığa çıkarıyordu: bizi mutlu edecek ve her daim etkin kılacak "hayat amacımızı" keşfetmenin sırrını. Herkese büyük sürpriz olan şeyse, bu eserin satışa çıkar çıkmaz İspanya'daki başlıca kitapçıların çoksatanlar listesinde bir numaraya yerleşmesi oldu. İki ay sonra, Japonya da dahil olmak üzere Amerika Birleşik Devletleri, Rusya ve Çin gibi tam 30 ülkede satışı başladı.

Hevesli okuyuculardan yüzlerce mesaj aldık, hepsi de ikigai sayesinde nasıl ilham aldıklarını anlatıyordu. Bunun yanı sıra açıklama bekleyen birçok mektup da vardı: Peki, ama ikigaimi nasıl keşfedeceğim? Tutkularımın neler olduğunu biliyorum, fakat gündelik zorunluluklar beni öyle meşgul ediyor ki kendimi ikigai felsefesine adayacak vakti bulamıyorum. Bu hayalimi nasıl gerçekleştirebilirim?

Bu soruları biz de kendimize sormuştuk, işte bu yüzden kendimizi büsbütün yeni bir projeye adamaya karar verdik. Umuyoruz ki bu yeni proje, tıpkı bizim gibi okuyucularımızın da kendi "ikigai"lerini her yönüyle keşfetmelerine ve açığa çıkarmalarına yardım edecek. Tam iki yıl sonra elinize ulaşan bu kitap, böyle zorlu bir görevin hakkından geldiğimizin bir göstergesidir. Geçmişi anlamınızı sağlayarak şimdiki zamanda yaşadığınızı hissedebilmek için, geleceğinizi kökünden değiştirecek bu uygulama kitabını sizlere sunmaktan dolayı büyük bir memnuniyet duyuyoruz.

Bu görevin hakkından gelmek amacıyla, ilk eserimize ilham veren Japonya'yı yeniden ziyaret ettik. Bunun yanı sıra, hayat amacımızı keşfetmek için ikigai felsefesini yaşamımızın merkezine nasıl koyacağımızı ve bunu bir güce nasıl dönüştürebileceğimizi öğrenmemizi sağlayacak tüm konuları detaylı bir biçimde ele aldık.

生き甲斐

IKIGAI

Tam manasıyla çevrilemeyen Japonca bir kelimedir ikigai. En yakın manası; hayatın anlamı, insanın her gün yataktan kalkmak için bir sebebi olmasıdır. Aslında, "hayat" veya "hayatta olma" anlamını taşıyan *iki* (生き) ile "her şeye değer olan, bir değere sahip olan" manasındaki *gai* (甲斐) kelimelerinin bir araya gelmesiyle oluşmuştur. Kelimesi kelimesine, "hayatın yaşamaya değer olduğu her şey" şeklinde tercüme edilebilir.

Japonlara göre, biz farkında olmasak da hepimizin içinde, hatta bizzat kalbimizde mutlaka bir ikigai vardır.

Şinkansen etkisi

1960 ila 1980 yıllarında Japonya'da eşi benzeri görülmemiş bir ekonomik büyüme yaşandı. Savaştan çıkan harap olmuş bu ülke, dünyanın ikinci büyük gücü haline geldi. Bu durum, sınırların ötesine geçmek ve kendini aşmak için yepyeni bir yöntem üzerinde düşünmeyi kabul etmek demek olan "Şinkansen Etkisi" olarak tanımladığımız ünlü "Japon mucizesi" hakkında yapılan araştırmalarla mümkün kılındı (bkz. sayfa 27). Bu yeni kavram bugüne kadar sadece endüstri alanında ve Japon şirketlerinde kullanılmıştı. Kavrama ait formüllerin günlük hayata da uyarlanabileceğine ikna olan bizler, bu kitabın birinci bölümünü daha önce hiç bahsedilmeyen bir vaade; her bir okuyucunun, "Japon mucizesini" kendi hayatına uyarlamasına, yaşamlarının her aşamasında imkânsıza olanak tanımalarına ve bunun için elzem bir yola girmelerini sağlamaya ayırdık.

Şinkansen etkisinin bizi büyük oranda etkilemiş olmasına karşın, bu etkinin yalnızca hayattaki birtakım şeyleri daha etkili ve daha hızlı kılmaktan ibaret olmadığının da farkındayız. Çıkmak üzere olduğumuz bu yolculukta, geçmişimiz bugünümüzü beslesin ve bugünümüz de amacımıza ulaşacağımız geleceğimize ışık tutsun diye birçok yöntem geliştirdik. Doğulular, zamanın öylece akıp gitmesini normal karşılar. Onlara göre değişmeyen tek şey değişimin kendisidir ve kıyıda köşede kalmış gizli parçaları bulup bir araya getirmek çok önemlidir, çünkü bu fikir sayesinde hayatımızın kontrolünü elimize alabilir ve geçmişteki olayların bizi nasıl etkileyeceğini daha rahat kavrayabiliriz. Bu sayede yürüdüğümüz yol dallanıp budaklandığında ve son derece önemli kararlar vermemiz gerektiğinde buna büsbütün hazır hale geliriz. Geçen zamanı bir fırsat olarak algılamak mutlu olmak ve amaçlarımızı tamamen başarıya ulaştırmak için oldukça önemlidir.

İçimizdeki ikigai de tıpkı değişim gibidir; sonsuza kadar sahip olacağımız ve hayatımızın her evresine göre dönüşecek değişmez bir özelliktir. 15 yaşımızdaki "varoluş amacımız" 70 yaşımızdakinden farklıdır. Hayatımızın her evresinde sahip olduğumuz ikigai ile uyum içinde kalmak son derece önemlidir. Aksi takdirde, yolumuzdan sapabilir ve kontrolü dış güçlere teslim edebiliriz. İçimizdeki ikigai, radyo dalgalarına benzer; frekansı ne kadar iyi tuttursak, hayatımızın bir anlamı olduğunu o kadar güçlü hissederiz.

Bu kitap, varoluşun kaçınılmaz bocalamalarına rağmen, amaçlarımızı fark etmemiz ve onlara ulaşmamız için geçmişi, bugünü ve geleceği bütünleştirerek bizzat kendimizle ahenk içinde kalmamıza yardım edecek bir uygulama kitabıdır.

Japonya'ya yaptığımız seyahatte, bu kitabın üç büyük bölümünü tasarlamamıza yardımcı olan üç farklı yeri ziyaret ettik: Tokyo, Kyoto ve Ise.

IKIGAI
Uygulama Rehberi

IKIGAI Uygulama Rehberi sayesinde, amaçlarımıza ulaşmak için kendimize özgü yetenekler geliştirerek geçmişimizi, bugünümüzü ve geleceğimizi dengede tutacak ve bu sayede kendimizi bir bütün olarak tanıyabileceğiz.

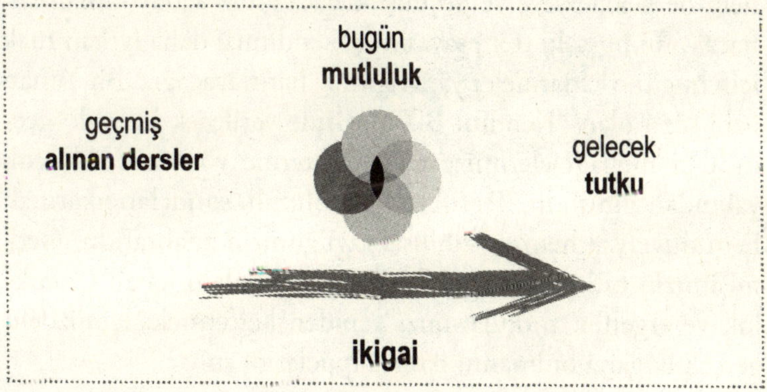

1 Geleceğe Yolculuk: Tokyo

Japonya'nın başkentinde, yıldızlara giden yüksek hızlı bir trene bineceğiz, bu sırada aklımızda da ideal geleceğimizi şekillendirmek olacak. Bu hayatta sahip olabileceğimiz şeyler, hayal gücümüzle sınırlı değildir. Bu bölümde, potansiyelinizi kullanarak ve içinizdeki şinkanseni etkinleştirerek geleceğinizi tasavvur edebileceğiniz birtakım egzersizler bulacaksınız.

2 Geçmişe Yolculuk: Kyoto

Bu bölgeyi normal hızda giden ufak bir trenle ziyaret edeceğiz, bu da bize hem manzarayı takdirle karşılayacağımız hem de geleneklere ve geçmişe dalacağımız kadar zaman sunacak. Bu nostalji treni sayesinde, kendimizi daha iyi tanımak için bugüne kadar neler yaşadığımızı hatırlayacağız. Bir Yunan özlü sözü olan "Kendini Bil" deyişine verilecek karşılık, geçmişteki mücadelelerimize tepki gösterme yöntemimizle çok yakından ilintilidir. Tecrübelerden olumlu sonuçlar çıkarmak hem duygusal hem de zihinsel sağlığımızın anahtarıdır. Geçmişimizin bilincinde olmak hayatımıza anlam katar. Çocukluk ve ergenlik tutkularımızı yeniden keşfetmek, içimizdeki gerçek ikigaiyi bulmanın başlıca ipuçlarını sunar.

3 Şimdiki Zamana Yolculuk: Ise

Ise Tapınağı iki bin yıldan fazladır var. Peki, sırf bu yüzden geçmişe aittir mi demeliyiz? Japonlar bu tarihi yapıyı her yirmi senede bir yıkıp yeniden inşa eder. Bu sayede, Ise Tapınağı sonsuza kadar şimdiye ait kalır. Bu gelenek, her an ne olmak ve ne yapmak istediğimize karar verecek özgürlüğe sahipken, geçmişin yüküyle ezilmenin ne kadar da kötü bir şey olduğunu anlamamızı sağlar. Ise Tapınağı'nı geçtikten sonra, *enso* çemberleri çizmeyi öğreneceğimiz başka mabetleri de ziyaret edecek; şimdiki zamanda var olan ruhumuzu sağlama almak amacıyla ok atma gibi doğu disiplinlerinin gücünü keşfedeceğiz. Ayrıca tüm sanat dallarının, anı yaşamamızı ve bir *flow** haline girmemizi, bir başka deyişle akışa kapılmamızı sağlayacak muhteşem vasıtalar olduğunu göreceğiz.

Bu eser, basit bir kitaptan fazlasıdır. Eğer bu hayatı ihtiyatla yaşayacak ve günlük yaşamınızda keşfedeceğiniz nasihatlere uyacak olursanız, bu sizi, belki de yalnızca hayal dünyanızda var olacak bir yere götürecektir. Yeni bir manzaranın tadını çıkarırken, büyük değişimler yaşamaya ve güzel sürprizlerle karşılaşmaya hazır olun. Nefes alın ve ruhunuzun kapılarını açın. Yolculuk başlamak üzere.

Bize eşlik ettiğiniz için teşekkürler...

Héctor García & Francesc Miralles

---

* (İng.) akış.

Geleceğe Yolculuk

Büyük kişisel projelere kalkışmak ve bunları iyi yönetmek amacıyla geliştirilen şinkansen etkisi ve diğer yöntemler.

東京

TOKYO

Tokyo

Çıkış noktamız Şincuku istasyonu. Bu istasyondan her gün üç ila dört milyon insan geçiyor, üstelik burası *Guinness Rekorlar Kitabı*'na göre dünyanın en işlek kavşağı. Şincuku, Japon başarısının sembolüdür. En birinci zorluk kişinin bu istasyonda yolunu bulmaya çalışmasıdır, çünkü 200'den fazla çıkışı vardır; en ufak bir hata ölümcül olabilir. Bu tuzağa düşmemek için, *Bir Konuşabilse* filminin birçok sahnesinin çekildiği, Park Hyatt Oteli'nin 52'nci katındaki New York Bar adlı mekânda buluştuk.

Muhteşem büyüklükteki Tokyo binalarına bakan o devasa cam pencerenin tam önündeki masamız mumlarla aydınlanmış. Şehir, tıpkı yıldızlarla kaplanmış bir gökyüzü gibi binlerce ışıkla parlıyor. Bir caz grubu Miles Davis şarkıları söylüyor.

"Burada, Tokyo'da sanki gelecekte yaşıyormuş hissine kapılmıyor musun?" diye soruyor Francesc, Yamazaki viskisinden bir yudum alırken.

"İşte burada yaşamamın sebeplerinden biri de tam olarak bu," diye cevaplıyor Héctor. "Bilimkurgu ve fütürizme dair her şey beni her zaman etkilemiştir zaten."

"Peki, bu seni strese sokmuyor mu? Mükemmele olan bu takıntı sana medeniyetsizlik gibi gelmiyor mu?"

"Bazen, evet. Bu kadar mükemmeliyetçi ve profesyonel bir çevrede çalışmanın ne kadar stresli olduğunu anlatmak saatler sürebilir, ama olayların olumlu yanlarını görmeyi tercih ederim."

"Evet, tabii, olumlu demişken... On iki yıldır burada yaşıyorsun. Japonya sana yüzlerce şey öğretmiş olmalı. Eğer sadece bir şey seçmek zorunda olsaydın, ne olurdu bu?"

"Ganbarimasu!"

"Gamba?" diyor Francesc, bir yandan gülerken.

"Hayır, gamba değil. *Ganbarimasu*, yani şu demek: bir amaca sahip olmak için kendini maksimum seviyede adamak. Japonlar ne zaman bir zorlukla karşılaşsalar bu kelimeyi kullanırlar; ister kişisel, ister sporla alakalı, ister mesleki bir zorluk olsun. Ganbarimasu, yenilgiyi hiçbir zaman kabul etmemek anlamına gelir, işte benim de Japonlarla ilgili en çok sevdiğim şey bu."

"Yarışı bırakmadıkları doğru, üstelik imkânsız gibi görünen zorluklar karşısında bile. İşte bunlar, hep o muhteşem şinkansen etkisi sayesinde," diye ekliyor Francesc.

"Kesinlikle öyle, ulaşılamaz gibi görünen amaçlar ya da fazlasıyla zorlu kişisel mücadeleler, içimizdeki şinkansen etkisini ortaya çıkarmanın anahtarıdır. Bunun yanı sıra *ganbarimasu*, yani bitmek tükenmez gayretin gücü olmaksızın, hayallerimiz daha gerçekleşmeden yok olur."

"İçindeki şinkansen etkisini ortaya çıkarmaya hazır ol, Héctor! Yolculuğumuzda bu kitabı bitireceğiz."

"Ganbarimasu!"

Park Hyatt'tan çıkıyoruz ve Şincuku istasyonunun çevresindeki ara sokaklara gizlenmiş küçük bir bara varıyoruz. Neon ışıklar ve durmak bilmeyen etkinlikler burada sanki hiç gece olmuyormuş hissi veriyor. Şibuya, Tokyo'nun adeta hiç uyumayan mahallelerinden biri. Yerini bir kez olsun durgunluğa bırakmayan, aralıksız sürüp giden bir kaynaşma, çılgıncasına bir ritim. Söz konusu gösteriler ve iş çıkışı etkinlikleri olduğunda, burası acımasız bir savaş oyunu sergileyen tiyatro sahnesi gibi.

Yalnızca üç müşteri kabul eden bir bara giriyoruz ve kırk yıldan fazla bir süredir Tokyo belediyesinde çalışan bir adamla tanışıyoruz. Sepetinde iki kedi taşıyan genç bir yabancıyı izlerken, biraz da laflıyor, daha sonra yeni dostumuzun tavsiyesi üzerine başka bir sokağa gidiyoruz. Okinawa yemekleri yapan bir restorana varmak için virane bir binaya giriyor ve birkaç merdiven çıkıyoruz, burada bir adam Japonya'nın güney adalarına özgü *sanşin* adlı telli bir çalgıyla geleneksel bir müzik yapıyor. Bu ambiyans bizi eskiye, *Ikigai* kitabını yazdığımız Ogimi seyahatimize götürüyor. İşte Tokyo'daki ilk gecemiz böyle sona eriyor.

Yarın Japonların o efsanevi hızlı trenine bineceğiz.

Asırlık İnsanların Köyü

Bir önceki kitabımız *Ikigai, Japonların Uzun ve Mutlu Yaşam Sırrı*'nda, Okinawa adasının kuzeyinde bulunan Ogimi'ye yaptığımız maceramızı anlattık. Üç binden biraz daha fazla sakini olan bu kasaba, dünyada yaşam süresinin en yüksek olduğu yer olmakla övünüyor. Kasaba sakinleri yalnızca uzun ömürlü değiller, aynı zamanda son derece sağlıklılar da; burası Japonya genelinde en düşük kanser oranına sahip olan yer.

Ogimi sakinlerinin bu kadar uzun ömürlü olmalarının sırrını açığa çıkarmak için bilimsel birçok araştırma yapıldı. Biz de bu asırlık insanlarla tanışmak için yanıp tutuşuyorduk. Bütün bir hafta boyunca, omzumuzda kameralarla bu asırlık insanlarla röportajlar yaptık. Onlara günlük yaşamları, beslenme düzenleri, yaşadıkları çevre, aileleri ve arkadaşları hakkında ve bu derece formda kalarak uzun yıllar yaşamanın sırlarıyla ilgili sorular sorduk. Ve son olarak, ikigailerinin hangi aşamada olduğunu sorma fırsatı da yakaladık.

Onlarla vakit geçirdiğimizde aslında fark ettik ki hiçbiri emekli değil. Hepsi bir faaliyet içinde; hatta çoğu zaman aynı anda birden fazla şeyle uğraşıyorlar. "Sebzelerin muhasebesini tutmayı bıraktığından beri aklını kaybettin," diyor Akiko, kendisini koyuvermekle suçladığı 96 yaşındaki bir arkadaşına. 92 yaşındaki Akiko, bir yandan kasabadaki dükkânında el yapımı çantalar satarken, diğer yandan da yaşadıkları topluluğun liderliğini üstleniyor. İlkesi şu: Eğer hiçbir şey yapmazsan, ölüm gelir ve seni bulur. Araştırmamızda elde ettiğimiz sonuçlardan biri de, kasaba sakinlerinin ikigailerini her daim aktif kalarak keşfetmiş olmaları. Belki de uzun ömrün sırlarından biri, sevdiğimiz aktivitelere yatırım yapmaktır.

1. Aşama: Şinkansen

Alışılmışın dışına çıkın

Trenimiz yeni ufuklara yelken açmadan önce, sizlere bu maceranın geleceği noktada karşılaşacağımız kavramın kökenini anlatacağız. Bunun için gelin bir çeyrek asır geriye gidelim ve Jack Welch adlı adamın yolculuğuna odaklanalım. Bu isim bir yerlerden tanıdık mı geliyor yoksa? General Electric adlı şirketin 1981 ile 2001 yılları arasında başkanlığını yapan Welch, geçtiğimiz yüzyılın en iyi yöneticilerinden biridir. Başkan olduğu dönemde, günümüzde birçok şirkette hâlâ kullanılan; çalışanların amaç ve görevlerinin üç ayda bir gözden geçirilmesi sistemini geliştirmişti. Bu yöntem, bazı sektörlerin performansının gitgide azaldığının farkına varıldığı ana dek göreceli olarak son derece iyi işlemişti. Peki, sonra ne oldu?

Kademeli Omlet mi, Radikal Omlet mi?

Kademeli bir yenilik, var olan bir şeye ufak bir ilerleme katmak demektir. Örneğin, konu İspanyol mutfağı olduğunda, patatesli omlet pişirmek için kesilen ve kızartılan patateslerin omletin içine eklenmesi herhangi bir zaman diliminde gerçekleşmiştir. Omlet halihazırda zaten vardır, dolayısıyla patateslerin eklenmesi eylemi kademeli bir yeniliktir.

Radikal yenilik ise çok daha önceden gerçekleşir; kişi yumurtayı kırıp onu pişirmeye karar verdiğinde ortaya çıkar. Böylece omlet meydana gelir. Bu kuşkusuz bir yemek devrimidir.

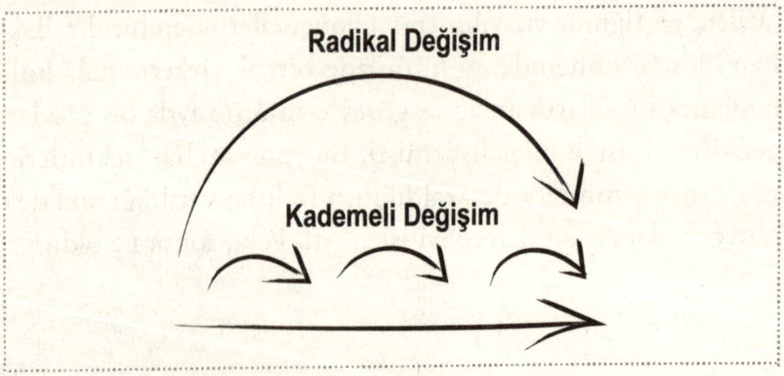

Minimum gayret yasası

Devam etmekte olan süreçler dikkatle gözlemlendiğinde, üç ayda bir yapılan görüşmeler sırasında farklı departmanlarda çalışan insanların yalnızca kademeli, hatta son derece ufak yenilikler öne sürdükleri fark edilmiştir. Bir başka deyişle kendilerine, minimum gayret sarf edecekleri ve başaracaklarına emin oldukları, ulaşması kolay hedefler koymuşlardır. Bu, genel olarak minimum gayret yasası şeklinde adlandırılan kavramın mükemmel bir göstergesidir.

Hepimiz bu tecrübeyi en azından bir kez yaşamışızdır: Bir proje yaparken temel hedefleri belirlediğimizde, kendimizi bu hedeflere göre biçimlendiriyor ve ardından, her şeyin doğru gitmesi için minimum çabayı sarf ediyoruz. Şunu kabul edelim: Doğamız gereği en kolaya kaçma eğilimi gösteriyoruz. Şayet kendimizi aşmak ve yepyeni doruklara yelken açmak istiyorsak, benzerliklerle ve bakış açısı eksiklikleriyle mücadele etmemiz gerekir.

Bu, işyerlcrindeki sorunlarla sınırlı kalmaz. Minimum gayret yasası çeşitli birçok alanda uygulanabilir, örneğin:

- Bedenimize ve sağlığımıza gösterdiğimiz özen,
- Partnerimizle ya da ailemizle olan ilişkimiz,
- Dostluk ve boş zaman yönetimi,
- Entelektüel, sanatsal ve ruhsal hedeflere ulaşma.

Korkudan ya da zamanın su gibi akıp geçmesinden dolayı içimizdeki oto-pilota bel bağlarız, ama önünde sonunda tehlike sinyalleri çalar: Bedenimiz bize "dur" diyene kadar tıpkı bir makine gibi yer ve uyuruz; bir kriz patlak verene kadar partnerimizi ihmal ederiz. Bu örnekler hayatımızın diğer alanları için de geçerli olabilir. Tıpkı değerlendirme dönemine girmiş bir çalışan gibi, zaman zaman ufak tefek ayarlamalar ve değişiklikler yaparız, fakat bunlar yalnızca günü kurtaran pansumanlardan ibarettir. Bunun sebebi her zaman dizginlenemez yaşam ritmimiz değildir. Bazen, tüm zamanımızı inşa etmeye harcadığımız şeyi yalnızca kurtarmak isteriz, çünkü belli bir noktaya kadar getirebildiğimiz bu şeyi, bir üst seviyeye taşımak için gereken zaman ve enerjiden yoksun olduğumuzu hissederiz. Tabii gerçek değişimden korkmadığımız sürece…

Mikawa sırrı

Jack Welch insan psikolojisinin böylesine karakteristik olan bu sorununu her açıdan ele aldı: Zaten göreceli olarak iyi iş çıkaran çalışanları, risk almaları ve yenilik peşinde koşmaları için nasıl motive ederiz?

1993 yılında Tokyo'ya yaptığı bir seyahat, bu soruna çözüm bulmasını sağladı. Orada, tıbbi teknolojiler alanında uzman isim olan, General Electric'in Japonya'daki şubesinin yöneticisi Eiji Mikawa ile tanıştı. Jack Welch, orada geliştirilen yeniliklerin ivmesinden oldukça etkilenmişti, çünkü söz konusu yenilikler General Electric'in diğer şubelerine oranla çok daha hızlı gerçekleşiyordu. Japon markası, halihazırda dünyadaki en hızlı ve en güçlü olan, üstelik gelecekte de bu şöhretini uzun yıllar koruyacak olan BDÇ (bilgisayar destekli çeviri) araçlarını piyasaya sürmüştü. Mikawa, Welch'e elinizdeki bu kitaba ilham olacak bir sır vermişti: "Eğer bir trenin saatte 10 km daha hızlı gitmesini istiyorsan, motora biraz beygir gücü eklersin. Ancak trenin saatte 150 km'den 300 km'ye çıkmasını istiyorsan; demiryollarını yıkıp yerine daha büyüklerini inşa etmek, süspansiyon sistemini kökten değiştirmek ve aerodinamik vagonlar üretmek gibi birden fazla değişiklik tasarlaman gerekir. Alışılmışın dışına çıkman, farklı yollara başvurman gerekir. Çoklu değişimi göze almazsan yeni bir tren de inşa edemezsin. Kısacası, tamamen yepyeni bir düşünce şekli benimsemen gerekir."*

İmkânsız gibi görünen bir talep

Yenilikçi düşüncenin kökenini keşfetmek için 1958'e kadar gitmeliyiz. Savaş sonrası ekonomi büyümeye devam ederken, Japon hükümeti Japon Demiryolları'ndan, Tokyo ve Osaka arasındaki mesafenin daha hızlı kat edilmesini sağlayacak bir araç inşa edilmesini istedi.

Birkaç ay sonra mühendisler, saatte yaklaşık 100 km hızla yol almaya elverişli bir treni proje olarak sundular, bu hız söz konusu dönem için baş döndürücü bir hızdı ve inşa edildiği takdirde dünyanın en hızlı trenlerinden biri olacaktı. Gelgelelim Japon Demiryolları'nın yöneticileri beklenmedik bir talepte bulundular: "Biz bunun iki kat daha hızlısını istiyoruz." Şaşkına dönen mühendisler bunun mümkün olmadığını ve saatte 200 km hızla giden bir trene yalnızca bilimkurgu filmlerinde rastlanacağını söylediler. Yöneticiler bunun üzerine sınırsız bir bütçenin sağlanacağını dile getirdiler, çünkü hükümet imkânsız gibi görünen bu projeye açık çek vermişti.

---

* Jack Welch'in "Jack: Straight from the Gut" kitabından alıntıdır.

Şinkansen etkisi

Bir süre sonra, mühendisler yeni bir teklif sundular; bu teklif, söz konusu yeni trenle ilgili her türlü radikal değişimi gerektiriyordu. İstenildiği üzere standardın dışında bir hıza ulaşabilmek için gerekenler şunlardı:

- O dönemin Japonya'sında kullanılan demiryollarının şeklini, yüksekliğini ve genişliğini değiştirmek,
- Fuji Dağı'nın çevresindeki dağlık bölgelerin ortasından geçecek tünellerin yapımına büyük bir bütçe ayırmak,
- Hava direncini minimuma indirmek amacıyla daha hafif ve daha aerodinamik trenler yapmak için dönemin tren kavramını büsbütün yeniden tasarlamak.

Saatte 10 km hız kazanmak için birkaç yenilik yapmak yeterli olacaktı. Buna karşılık, hızı iki katına çıkarmak için her şeyi kökten değiştirmek, ulaşım söz konusu olduğunda büsbütün yenilikçi bir bakış açısıyla düşünmek gerekecekti. Bu tarz bir radikal değişim, mühendislik ve ticaret alanında kullanılan ama aynı zamanda hayatımızın diğer alanlarına da uygulanabilen şinkansen etkisiyle örtüşmektedir.

Japonya Demiryolları'nda çalışan mühendislerin "neredeyse imkânsız görevi" hakkında konuşmaya devam edelim: 1964'te, hükümet tarafından böyle zorlu bir görevin verilmesinden yalnızca altı yıl sonra, tarihin ilk hızlı treninin açılışı Tokyo Olimpiyatları sırasında resmen gerçekleşti. Şinkansen trenleri Tokyo ve Osaka'yı saatte 200 km hız ile birbirine bağlıyor, bunun yanı sıra iki şehrin arasındaki 6 saat 40 dakikalık seyahat süresini 3 saat 10 dakikaya düşürüyordu. Bu, bütün dünyayı kendine hayran bırakan bir başarıydı.

Tarihin ilk hızlı treninin yapımı sayesinde ortaya çıkan yenilikler, son on yılda tüm gezegendeki demiryolu ulaşımına getirilen bir devrimdi adeta. Bugün dahi yararlanmaya devam ettiğimiz bu çığır açıcı buluş, yepyeni bir düşünce tarzını benimsemeyi kabul ettikleri için ortaya çıkabilmiştir.

Alışılmışın dışına çıkın

Eiji Mikawa, *bullet train thinking** kavramını, şirketinin her konuda alışılmışın dışına çıkarak başardığını anlatmaya bayılıyordu. Örneğin, departman müdürleri masrafların yüzde 5'ini kesmek istediklerini söylemişlerse, Mikawa da onlardan söz konusu masrafları yüzde 50 oranında nasıl keseceklerine dair fikir üretmelerini istemiş.

Jack Welch bu Japon'un sözlerinden o kadar etkilenmiş ki onun felsefesini General Electric'e uygulamaya karar vermiş ve bütün departmanlardaki çalışanlardan üç aylık değerlendirmelerine "*bullet train* hedefleri" eklemelerini istemiş. İşte General Electric'in kuruluşundan on yıl sonra bile bu kadar rekabetçi ve yenilikçi kalabilmesinin temel sebeplerinden biri de budur. Bugün tüm dünyada yüz binlerce çalışanı vardır.

* İngilizcede *bullet train* deyişi hızlı tren anlamına gelir. (ç.n.)

新幹線

Şinkansen:
Hızlı Tren

Şinkansen kelimesinin sözlük anlamı tam olarak "yeni ana hat" olarak bilinir. Bu Japonca kelime 新 yani "yeni", 幹 yani "gövde" ve 線, yani "hat" karakterlerinden oluşur. 1964'teki açılış gününde ismi *Hikari* (ışık) olan tren, Tokyo ve Osaka arasındaki "yeni ana hattı" saatte 200 km'den de fazla bir hızla kat ederek tarihin ilk hızlı treni unvanını kazandı. *Hikari* treni ve Şinkansen hattı, "hızlı Japon treni" adı altında yabancılar arasında epey ünlendi.

"On yıl içinde ulaşacağınızı düşündüğünüz bir hedefiniz varsa şayet, bunu gerçek kılmak için oluşturacağınız en iyi strateji, bu hedefe bir yıl içinde nasıl ulaşacağınızın yollarını aramaktır."

Peter Thiel, Silikon Vadisi sermayedarı

Genel olarak, kendine alışılmışın dışında hedefler koyan kişi veya kurumlar toplum içinde ismini mutlaka duyurur. Buna en iyi örnek, başkaları tarafından alaya alınsa da kendine meydan okuyan ve en sonunda da yeniden kullanılabilir roketatar rampası inşa eden Elon Musk verilebilir. On yıldan da kısa bir süre içinde, Space X adlı özel şirketiyle birlikte çalışarak hedefine ulaşmış, 50 yıldır yürüttüğü araştırmalarla NASA'nın bile gerçekleştirmeyi başaramadığı bir performans sergilemişti. Elon Musk daha sonra, hızı saatte 1200 km'ye çıkabilen Hız Yuvarı adlı bir kara taşıtı hayal ederek kendine yeni bir "şinkansen hedefi" koydu: Mars'a ilk kez insan göndermek. Peki, bu kişi oraya varabilecek mi?

Peki ya siz? Şinkansen etkisini yaşamınızın hangi alanına uygulamak istersiniz?

İlk şinkansen hedefinizi seçin

Bir hayalin ya da arzunun bu isimle adlandırılması için, gerçekleştirilmesi imkânsız olarak görülmesi gerekir. O hedefe kolayca ulaşacağınızı düşünüyorsanız, bu bir şinkansen hedefi değildir. Ulaşılmaz bir amaç tasavvur etmek, hem yeni düşünce biçimleri geliştirmenize yardım eder, hem de modası geçmiş eski usullerden ve fikirlerden arınmanızı sağlar.

Hedeflerinizi korkmadan yazın.

- Kendi helikopterinizi mi uçurmak istiyorsunuz?

  Yazın..

  ....

- Alaska'ya gidip kuzey ışıklarını mı izlemek istiyorsunuz?

  Yazın..

  ....

- Şirketinizin cirosunu üç katına mı çıkarmak istiyorsunuz?

  Yazın..

  ....

- Bir film çekmek mi istiyorsunuz?

  Yazın..

  ....

Bir yandan hedeflerinizi yazarken, diğer yandan da sistemli bir şekilde soru sormak çok önemlidir. Bu, yaşamınızda bir ilerleme kaydetmek adına atacağınız ilk adımdır. Hemen başlayın!

Birinci hedefim: ....

....

Şüphesiz ki hedefinizi yazmak, onu gerçekleştirmek için yeterli değildir. Uruguaylı antrenör Mario Reyes, yola koyulmanıza yardımcı olmak ve ilk şinkansen hedefinizi gerçekleştirmek için üstleneceğiniz on girişimi listelemenizi tavsiye eder.

Örneğin, birinci hedefiniz tam bin kişinin önünde konuşma yapmaksa, yapılacak eylemlerin listesi aşağıdaki gibi olabilir:

- İnsanlar önünde nasıl konuşulduğunu öğreten kitaplar okumak,
- Konferans verenlerle buluşmak ve onlardan tavsiye istemek,
- YouTube'da sevdiğim konuşmacıların videolarını izlemek,
- Kendimi filme çekerek alıştırma yapmak, çektiğim videoyu izleyerek davranışlarımı gözlemlemek,
- Yerel bir etkinlik sırasında, ufak bir topluluğa hitap edeceğim basit bir konuşma hazırlamak,
- Kendimi insanlar önünde nasıl ifade edeceğimi öğreneceğim bir kursa yazılmak,
- Sahneye çıkma stresini üzerimden atmak amacıyla tiyatro kurslarına katılmak,
- ...

Eylemlerin ele alınış yöntemlerini ve zamanlamalarını belirleyin. On maddelik eylem planınızı ve bu maddelerin işleyiş şekillerini (ne, nasıl ve ne zaman) belirledikten sonra, sanki kendinizle bir sözleşme yapmışçasına sayfanın en altına imza atın ve gözünüzün önünde duracak bir yere asın. Bu işe kendinizi adadınız bir kere, geri dönüş yok. Şinkansen artık yürürlükte!

	Ne yapacaksınız?	Nasıl yapacaksınız?	Ne zaman yapacaksınız?
1	İnsanlar önünde nasıl konuşulduğunu öğreten kitaplar okuyacağım	Bu alanda uzmanlaşmış bir kitapçıya gidip tavsiye isteyeceğim	Yarın saat 13.00'da, öğle arasında
2			
3			
4			
5			
6			
7			
8			
9			
10			

2. Aşama: Fuji Dağı

İmkânsızın jimnastiği

Trenimiz, Fuji Dağı'nın görülebildiği ilk hatta bulunan Mişima'nın huzurlu ve küçük istasyonunda duruyor. Japonlar tarafından son derece saygı duyulan bu dağı görme şansına erişebilecek miyiz, yoksa sis buna engel mi olacak? Tokyo ve Kyoto arasındaki Şinkansen hattını kullanan ve tanıyan insanlar, rezervasyon yaptıkları sırada "Fuji Dağı" manzaralı koltukları isterler ve bu etkileyici dağın kutsallığının tüm haşmetiyle görünüp görünmeyeceğini dört gözle beklerler. Havanın yeteri kadar açık olmadığı zamanlarda tren, görülmesi mümkün olmayan bu büyüleyici dağa çok yakın bir yerden geçer. Fuji Dağı bazı günlerde sisin arkasına saklansa da her zaman oradadır; tıpkı yaşamdaki büyük hedefler gibi her zaman vardır, ama bazen günlük yaşamın curcunası yüzünden geçici olarak karanlıkta kalabilir.

Ölümsüzlüğün Dağı

10. yüzyılda yazılan bir masalda Fuji Dağı'ndan yazılı olarak ilk kez bahsedilir. Ay'dan gelen ve imparatorun evlilik teklifini reddeden Kaguya adlı bir genç kızın hikâyesidir bu. Dolunaylı bir ağustos gecesi, Kaguya devasa bir ışığa dikkat kesilir: Ay'ın sakinleri onu evine çağırmaktadırlar. Bu genç kıza hâlâ âşık olan imparator ona bir mektup yazar ve bir ordu dolusu adamını, kelamını (死, "ölüm", 不, "olmadan"), eski Japon inanışına göre Ay'a en yakın olan noktaya, yani Fuji Dağı'nın tepesine taşımaları için görevlendirir.

Zirveye ulaşan askerler, dumanın Ay'a kadar ulaşacağını, böylece Kaguya'nın da imparatorun kelamını bu şekilde okuyabileceğini ümit ederek mektubu yakarlar. Bu mektupla beraber, askerler ölümsüzlük iksirini de yakmış olurlar, zira imparator sonsuza kadar yaşamayı istemez. *Fushi* sözcüğü "ölüm olmadan", yani "ölümsüz" anlamına gelir. Zaman geçtikçe okunuşu fuji (富, "bol, bolluk" ve 士, "asker") şeklinde değişime uğrar; bu deyiş imparatorun mesajını Ay'a taşımak amacıyla dağın tepesine kadar çıkan cesur askerlere atıfta bulunur. O dönemden itibaren süregelen efsaneye göre, Fuji Dağı ne zaman püskürse, içinden çıkan duman Kaguya'yla iletişim kurabilmesi için imparatorun kelamını gezegenimizin uydusuna taşır; böylece imkânsızı mümkün kılmada sevgi ve sonsuz ümit temsil edilir.

Sir Rutherford Alcock'un macerası

Fuji Dağı'nın her daim karlarla kaplı olan tepesine kadar tırmandığı bilinen ilk ünlü şahsiyet imparatorun askerlerinden ziyade, 663 yılında kayda geçen Budist bir keşiştir. O ana kadar, Fuji Dağı'nın zirvesine kadar tırmanılabileceğini hiç kimse hayal dahi edemezdi. Asırlar geçtikçe, bu zorlu görev gitgide popüler olmaya başlasa da, 19. yüzyılda ne bir kadın ne de bir yabancı Meiji döneminin başlarına kadar kutsal kabul edilen Fuji Dağı'na tırmanmayı başarabildi.

Japon olmayıp da dağın zirvesine adım atabilen ilk yabancı, 1860 yılında Britanyalı diplomat Rutherford Alcock oldu. Japon yetkililer onu vazgeçirmeye çalışmışlardı, çünkü kasım ayının son günlerinde dağa tırmanmak son derece tehlikeliydi ve hava şartları tırmanışı imkânsız kılıyordu, üstelik işin içinde Japonya'ya yaklaşan bir fırtına da vardı. Fırtına gerçekten de Fuji Dağı'na yaklaşırken Britanyalı diplomat tırmanmaya devam etti. Japon hükümeti bu fırtınanın, tanrıların göklerden gönderdiği yabancıların dağa tırmanmasını yasaklayan bir mesaj olduğunu söyledi, ama diplomat ona bu işin imkânsız olduğunu söyleyen herkesi görmezden geldi. Zirveye doğru peş peşe attığı adımlarla, bu tırmanışı başarıyla tamamlayan ilk yabancı olarak tarihe geçti. O dönemde bu, gerçek bir başarıydı. Birçok dağcı zirveye ulaşmaya çalışırken kaybolmuştu. Gelgelelim, sportmen Sir Rutherford Alcock deniz seviyesinden zirveye kadar 3776 metre olan bu dağı sekiz saatte tırmandı. Üç saat de aşağı inmek için harcadı. Şans ondan yanaydı, çünkü Alcock aşağı indikten hemen sonra tehditkâr fırtına Şizuoka yakınlarına vurmuştu.

Alcock Fuji Dağı'nı konuksevmez, kayalık ve sanki bu gezegene ait olmayan bir havaya sahip bir yer olarak tasvir etti. Resme yatkınlığı sayesinde, bu kutsal yerin kendine özgü siluetini Batı'da ilk kez ölümsüzleştiren de Alcock oldu. Dağdan inişini, Japonya'da geçirdiği üç yıl boyunca Britanya hükümetine yazdığı mektuplarda anlattı. Öte yandan, Japon topraklarında yaşayan ilk Britanyalı da yine Alcock olmuştu.

"En zorlu bölüm sonuncusu oldu, günün yorgunluğu da hiç yardımcı olmuyordu. Bacaklarımızın ağrısını dindirmek ve nefesimizi yeniden kontrol altına almak için belirli aralıklarla duruyorduk. Bazılarımız bırakmayı düşünse de, biz zirveye kadar çabalamaya devam ettik ve bu sayede hem krateri hem de o mükemmel manzarayı hayranlıkla seyretme şansını yakalayabildik."

Sir Rutherford Alcock

İmkânsız değil

Yaşamımız, yasak olduğuna inandığımız ya da tırmanacak kapasitemizin olmadığını düşündüğümüz zirvelerle doludur, ne var ki yolumuzu bulanıklaştıran sis yalnızca baktığımız gözlüklerin üzerindeki buğudan ibarettir. Gerçekte imkânsız olan şey, onu zihnimizdeki bir etiketle bağdaştırdığımız için, gözlerimizin önüne yanıltıcı bir filtre koyduğumuz için ortaya çıkar. Zirveye giden yola çıkmadan önce, sanki onun o göz alıcı parlaklığını sönük bir kristale dönüştüren bu tarz "imkânsız" fikirlerden arınmamız gerekir.

Hayatımız boyunca, mantıksız da olsa, altından kalkamayacağımızı düşündüğümüz birçok şeyle karşılaşırız. Bu şeylerin ima edilmesi bile büyük oranda sersemlememize

Sir Rutherford Alcock tarafından yapılan Fuji Dağı illüstrasyonu.

sebep olur. Zihnimizde sayısız engeller inşa ederiz ve bu engeller bir gün nihayetinde yıkılır ama bunların bir gün elimizi kolumuzu bağlayabileceğine ya da bazı şeylerden mahrum bırakabileceğine inanmak çok zordur. İmkânsızı mümkün olandan ayıran, son derece ince ussal bir sınır vardır. Bu sınırı geçmemize yardımcı olacak iki örnek vermek mühendislerin ya da "edebi şerpa"ların görevidir. Walt Disney şöyle der: "İmkânsızı mümkün kılmak kadar keyif veren başka bir şey yoktur." Kendinize meydan okumak adına, her hafta yapabileceğinize inanmadığınız bir şeyi başarmak son derece iyi bir hedeftir. Mesela Japonca ya da Macarca öğrenmek, çetrefilli bir spor dalına başlamak, piyanoyu kesintisiz çalabilmek, uzak bir ülkeye seyahat etmek ya da kendi ülkenizde bulunan Fuji Dağı'na denk başka bir dağa tırmanmak... Tüm bunları başarmanın yolu bakış açınızı değiştirmekten geçer, tıpkı iyi bir dostun dile getirdiği şu slogan gibi: **imkânsız değil.**

Mücadele ederek üstesinden geldiğiniz imkânsızlıkların bir listesini yapın

Bizi yapacağımız işten geri tutan şeyleri, önyargıları ve üstesinden gelemeyeceğimizi düşündüğümüz diğer her şeyi temizlemek için yapılacak en etkili egzersiz, bizi haksız çıkaran "imkânsızlıkları" hatırlamaktır. Bu kitabın yazarlarının üstesinden asla gelemeyeceklerini düşündükleri zorlukların listesi aşağıda örnek olarak verilmiştir.

Francesc için

1. Yüzmeyi öğrenmek

14 yaşıma kadar sudan korktum ve ayağımın değmediği bir havuzu bir uçtan bir uca geçemeyeceğime emindim. Çok zamanımı alsa da suda batmadan yüzmeyi nihayet öğrendim.

2. Üniversitede bir dersi başarıyla tamamlamak

Seviyeme göre dört ya da beş ders bıraktığımdan dolayı, üniversite diploması almak şöyle dursun, ne öğretmenlerim ne de ben liseden mezun olacağıma inanıyorduk. Bu düşünceden kurtulduğum anda, Almanca dilindeki bir dersi başarıyla tamamladım.

3. Kız arkadaş edinmek

23 ya da 24 yaşıma kadar bunun imkânsız olduğunu düşündüm, çünkü beğendiğim kızlar bana erişilemez ve seviyemin çok üzerinde gibi gelirdi, ya da onlarla aynı gezegende yaşamadığımı düşünürdüm. Onların da tıpkı benim gibi oldukları, kendilerine has korkuları, şüpheleri ve hayalleri olduğu fikrini benimsediğim andan itibaren imkânsız olarak gördüğüm bu duygu ortadan kayboldu.

Héctor için

1. CERN'de çalışmak

Ne zaman popüler bilim kitapları okusam, CERN ya da NASA'yı her zaman özel olarak seçilmiş az sayıda şanslı insanın çalıştığı bir yer olarak hayal ederdim. Bu, benim için sonsuza kadar hayal âleminde kalacak bir düştü. Gelgelelim, 2004'te CERN'e kabul edildim ve düşlerim gerçek oldu.

2. Japonya'ya seyahat etmek

Çocukken ne zaman atlasımı açsam, Japonya'yı dünyanın en uzak yerlerinden biri olarak düşünürdüm; hayatım boyunca görme şansına erişemeyeceğim egzotik ve ücra bir yerdi. Ne var ki tam on iki yıldır, güneşin doğduğu bu topraklarda yaşıyorum.

3. Bir kitap yayımlamak

Gençken Isaac Asimov'a bayılırdım. Biyografisini okuduğumda, neredeyse dört yüzün üzerinde kitap yazdığını öğrenmiştim ve bu durum beni büyülemişti. O dönemde, Asimov'un tasvir ettiği kitap endüstrisini bambaşka bir boyut olarak düşünmüştüm. *Ikigai* adlı kitabımız bugün hem Birleşik Devletler'de hem de diğer otuz ülkede satışta; üstelik Isaac Asimov'un yayıncılarından biri olan Penguin tarafından yayımlandı.

Bir şeyi başaramayacak kadar yetersiz olduğunuzu düşündüğünüz zamanlarda, eskiden yapabileceğiniz gerçeği aklınızın ucundan dahi geçmeyen, buna rağmen başarıyla gerçekleştirdiğiniz bütün hedeflerinizin bir listesini yapmak büyük oranda işe yarayacaktır. Geriye dönüp baktığınızda bu listedeki maddeler size gülünç gelecek olsa da, kendinize koyduğunuz engellerden ve sınırlı düşüncelerden sıyrılmak için epey faydalı olacaktır.

3. Aşama: Ganbarimasu

Sabrın ve sebatın gücü

Bizi Kyoto'ya kadar götürecek hızlı tren akıcı ve düzgün bir hareketle rayların üzerinde sanki uçarcasına gidiyordu; rüyalarından bir an olsun vazgeçmeyen mühendislerin binlerce saatlik çalışması meyve vermişti. Sebat etmek, Japon kültürünün en önemli değerlerinden biridir. Birçok manga ve anime çiziminde, ana karakterin çocukluğundan beri öyle büyük bir kapasitesi yoktur, daha ziyade birçok hata yapmıştır. Buna karşılık, engelleri aşarak ilerlemesine izin verecek bir ikigai, bir hedef ya da amaç vardır hayatında. Alanında bir kahraman olmak için kendini her geçen gün aşacağı bu kişisel seyahat, onu bilgeliğe taşıyacaktır. Öte yandan, klasikleşmiş Amerikan çizgi romanlarında erkek ya da kadın fark etmez, bütün kahramanlar doğuştan bir güç taşır ve içlerindeki mekanizma sabır ve sebat ile karşılaştırıldığında ya hırstan ibarettir ya da adalete daha fazla susamıştır.

Büyük şeyler başarmak için gereken basit hedefler

Japon kahramanların bir diğer özelliği de hedeflerinin son derece basit, kolay ve sade olmasıdır; öyle büyük hırsları yoktur. Mangalarda ana karakter genel olarak iyi bir suşi ustası, alanında en iyi TV sunucusu veya emlakçı olmaya çalışır. Ayrıca *Şinkansen Kız* isimli bir de televizyon dizisi vardır; bu program, müşterilerin beklentisini en iyi şekilde nasıl karşılamaya çalıştıklarını anlatan o meşhur hızlı trenin hosteslerinin hayatını konu alır. Bunlar herkesin karşısına çıkabilecek basit hedeflerdir, gelgelelim ihtiyaç duydukları dayanıklılık onları kişisel bir düzlemde harika birçok şeye yönlendirir. Sebatın yanı sıra, Japonlara göre son derece önemli olan bir başka değer daha vardır: sabır. Burada sabırdan kastımız, sanki bir mucize olması bekleniyormuş gibi bir şeylerin meydana gelmesini ummaktan ibaret değil, daha çok sebata dayanma fikri ve arzulanan hedefe ulaşma dayanıklılığıdır.

"Bir taşı ısıtmak istiyorsanız şayet, yüz yıl boyunca üzerine oturun."

Japon deyişi

Elinizden gelenin en iyisini yapın

Japon dilinde ve günlük konuşmalarda "sebat" çok fazla kullanılan bir değerdir.

頑張ります

Ganbarimasu:
Elinden gelenin en iyisini yapmak

Japonca dersi alırken öğrendiğimiz ilk kelimelerden biri, kabaca "elinden gelenin en iyisini yapmak" olarak çevrilen ganbarimasu idi. Bu kelimeyi oluşturan ilk iki karakter şunlardır: 頑 "kararlılık" ya da "dayanıklılık" ve 張 "göstermek". Yani anlamı "dayanmak" ya da "karşılaşılan engellere dayanmak" ifadelerine yakındır.

Ganbarimasu kelimesinin kökeni, "elinden gelenin en iyisini yap" cümlesine denk düşen *ganbatte kudasai* ifadesine dayanır, fakat tam çevirisi daha ziyade şöyledir: "Kararlı ol ve hedefine ulaşana kadar dayan." Çoğunlukla bir motivasyon unsuru olarak spor dallarında ve zorlu yeni görevlerle karşı karşıya kalmadan önce mesleki bağlamda kullanılır. *Ganbarimasu* ifadesinin felsefesi de hedefe ulaşana kadar durmamaktır.

Yüzyıllık bir plan

Tokyo ve Nagoya arasındaki 286 kilometrelik mesafeyi 40 dakikadan daha az bir süre içinde birbirine bağlayan Japonların yeni hızlı treni 2027'de hizmete açılacak. Bu proje 2027 yılına dek en ince ayrıntısına kadar planlanmakla kalmadı, aynı zamanda Osaka için de düşünülen ve 2045'te hizmete açılması beklenen manyetik hava desteği sistemi için de kollar sıvandı. Ayrıca bu teknolojik yatırımın hem Japonya Demiryolları hem de Japon hükümeti için 2120'de kârlı bir kazanca dönüşeceği hesaplandı. Bir asır sonrası için her şey planlanmıştı! Kendi tren sistemimizi hızlandırmadan önce, varış noktamızı ve karşılaşacağımız farklı süreçleri göz önünde bulundurmamız önemlidir.

"Şinkansen etkisi ve ganbarimasu şöyle özetlenebilir: Dayanıklı bir yaşam sürmek için harekete geçmeden sabretmek; ve sebat ederek sabır göstermek hedeflerimize ulaşmamızı sağlar."

10 bin saat kuralı

Ericsson'ın araştırmalarından ilham alan İngiliz gazeteci Malcolm Gladwell, *Outliers – Çizginin Dışındakiler* adlı bir kitap yazdı. Bu eserinde, neden bazı insanların başarılı olduğunu ve diğerlerinin olmadığını araştırdı. Genetik miras kadar, ailenin ve eğitimin büyük bir rolü olsa da tüm bunlar başarıya ulaşmak için tek başına yeterli değildir. Gladwell'a göre 10 bin saatlik bir antrenmandan geçmeliyiz. Gladwell, kendini adamaya dayalı, sarsılmaz bir özveri gerektiren ve herkesin bildiği birkaç başarı örneği veriyor.

Çalışan insan

Robert Pool ve İsveçli psikolog Anders Ericsson, birlikte yazdıkları *Peak* adlı kitapta Homo sapiens'in (bilge insan) aslında Homo exercens (çalışan insan) olarak adlandırılması gerektiğini dile getirir, zira insanoğlu kendini çalışarak geliştirme yeteneğine sahip tek türdür. Öte yandan, burada bahsedilen ikinci terim, bizi sürece sistematik bir biçimde ulaştırmaz. Ericsson iki tip çalışmanın olduğundan bahseder.

I. Sonu gelmez bir uygulama

Bu, belirli bir hedefe sahip olmaksızın bir meşgaleye ayrılan zaman demektir. Bir aktivite için saatlerimizi harcasak bile, söz konusu aktiviteyi verimsiz ve beceriksiz bir şekilde yapıyorsak şayet, faydalı sonuçlar alamayız.

II. Planlanmış bir uygulama

Bu, bir hedefe ulaşmak için detaylıca tasvir edilmiş bir plana dayanır. Ericsson burada üç ana esasın izinden gitmemizi tavsiye eder.

1. Hedefimize ulaşmak için, atacağımız adımlara ve seçeceğimiz yola karar vererek bir tasarı oluşturmak.

2. Hedefimizi her daim dikkate alarak, karşılaşacağımız tüm durumlara uyum sağlamaya ve sorunlara göğüs germeye odaklanmak.

3. Doğru yolda olduğumuzdan emin olmak için düzenli aralıklarla geribildirim istemek ve aksi durumlarda hatamızı düzeltmeye çalışmak.

Not: Geribildirim konusunda daha fazla bilgi edinmek için bkz. 5. Bölüm (sayfa 62).

1. Mozart

Beste yapmaya yedi yaşında başlamasına ve ergenliğinde ortaya koyduğu parçalar oldukça dikkat çekici olmasına rağmen Mozart, 21 yaşından itibaren, 10 bin saatini beste ve pratik yapmaya ve ayrıca yorumlamaya harcadıktan sonra en önemli başyapıtlarını ortaya çıkarmaya başlamıştır.

2. The Beatles

Onlar da başarıyı yakalamak için 10 bin saate ihtiyaç duymuşlardı. Ağustos 1960 ile Aralık 1962 yılları arasında, Hamburg'daki birkaç kulüpte çalarlarken aynı zamanda da pratik üzerine yoğunlaşmışlar ve müziklerini mükemmel kılmışlardı. İngiltere'ye döndüklerinde artık başarıya ulaşmaya hazırdılar.

"*Sürekli yaptığımız şey neyse biz o'yuz.*"

Aristoteles

Şimdi öğrenmeyi çok istediğiniz yeni bir şey düşleyin. Harcayacağınız zamana dair çıkarımlar yapmadan önce, Gladwell'e göre üstesinden gelinmesi mümkün egzersiz seviyelerini inceleyin.

- 1 saatte: konuya basitçe giriş.
- 10 saatte: temel fikirlerin daha geniş bir kavramı.
- 100 saatte: ortalama bir seviyenin yakalanması.

- 1.000 saatte: uzmanlık seviyesine ulaşma.
- 10.000 saatte: ustalık seviyesine ulaşma.

Son seviye mükemmellik seviyesidir. Sinirbilimci Daniel Levitin'e göre, insan beyninin bir alanda uzmanlaşması için gereken şey zamandır. Princeton'da yapılan bir çalışma, özellikle konuya hakim olduğumuz andan itibaren karşımıza çıkan fırsatları değerlendiremediğimiz takdirde, yoğun çalışmanın bizi tek başına başarıya ulaştıramayabileceğini ortaya koyuyor. Eğer The Beatles 10 bin saatlik alıştırmalara rağmen, şansını seyirci karşısında denemeden çalışmalarına bodrum katında devam etseydi, büyük ihtimalle bugün böyle bir grubun varlığından haberdar olmazdık.

10 bin saatinizi planlayın

Hayatınızı adamaya hazır olduğunuz bir ikigai, yani sizi yiyip bitiren bir arzunuz varsa eğer, bu bölümde bahsettiğimiz teknoloji bu konuda uzmanlaşmanıza yardım edecek. Sebat, yani *ganbarimasu* kaçınılmaz bir unsurdur, ama bu büyük projeye kaç yılınızı adayabileceğinize ya da adamak istediğinize yalnızca siz karar vereceksiniz.

Sayılar asla yanılmaz...

- Günde 8 saat x haftada 5 gün = 5 yıl
- Günde 4 saat x haftada 5 gün = 10 yıl
- Günde 2 saat x haftada 5 gün = 20 yıl
- Günde 1 saat x haftada 5 gün = 40 yıl

Görece daha kısa bir zaman diliminde uzmanlaşmak eksiksiz bir özveri gerektirir, ama tutku duyduğunuz şeyi mesleğiniz kılarsanız çok daha kolay olur. Başka bir meslek dalında çalışıyorsanız, yine de tutkunuz (bu bir sanat dalı, bir spor dalı ya da bir araştırma konusu olabilir) size yaşam boyu eşlik edecektir. Sorulacak soru şudur: Tüm hayatınızı adayabilmeniz için sizi hangi tutku, hangi ikigai motive edebilir? Cevabı henüz bulamadıysanız, Viktor Frankl'ın şu bilindik aforizmasından ders çıkarabilirsiniz: "Hayattaki amacınızın ne olduğunu hâlâ bilmiyorsanız, ne mutlu size ki artık bir amacınız var: bu amacın ne olduğunu bulmak!"

4. Aşama: Yeni Alışkanlıklar

Hayatınızı 21 günde değiştirin

Şimdi, manzarayı izlemeye biraz ara verelim ve günlük yaşamımıza odaklanalım. Yaşamımızı hangi alışkanlıklar yönetiyor? Hangileri bizi hedeflerimize yakınlaştırıyor ve hangileri daha iyi hissetmemizi sağlıyor? Hangileri bize zarar veriyor ve hangileri enerjimizi tüketiyor? İnsanın, alışkanlıkları olan bir hayvan olduğu söylenir. Aslında bu alışkanlıklar hayatta kalmamız için son derece önemlidir; bunlar sürekli karar almayalım diye, görevleri otomatikleştirmemizi sağlayan mekanizmalardır. En ufak bir davranışı bile her gün düşünmek zorunda kalsaydık, çok çabuk tükenirdik.

Tekrarın Erdemi

Facebook'un kurucusu Mark Zuckerberg, kamuoyu önüne ilk çıktığı günden beri kıyafet seçimini bir kez olsun değiştirmedi. Hep aynı gri tişörtü, aynı koyu renk kazağı ve aynı tarzda pantolon ve ayakkabıyı giyiyor. Bu durumu şöyle açıklıyor: "Dahil olduğum topluluk hariç, mümkün olduğunca az karar alabilmek için hayatımı basitleştirmek istiyorum."

Amacı bazı şeyleri basitleştirmekten ibaret olan bu zen metoduna Steve Jobs ilham olmuştur. Yıllar boyu, ne zaman kamuoyu önüne çıksa hep aynı şekilde giyindi: siyah boğazlı kazak, pantolon ve beyaz ayakkabı. Walter Isaacson biyografisinde bu tuhaf alışkanlığın nereden geldiğini sordu. Jobs ise bu durumun, birçok şirketin yanı sıra, Sony çalışanlarının üniformasını tasarlayan prestijli Japon stilist Issey Miyake'yle olan arkadaşlığına dayandığını söyledi. Apple çalışanları üniforma giymeye katı bir şekilde karşı çıksa da, Jobs Miyake'den kendi için bir üniforma tasarlamasını isteyecekti. Hemen kararını verdi ve arkadaşına, bedenine göre olacak şekilde tam yüz tane siyah boğazlı kazak sipariş etti. Bu siparişe şaşıran Miyake böyle bir şeyi neden istediğini sordu. Apple'ın CEO'su da arkadaşının sorusuna şu cevabı verdi: "Giydiğim şey bu. Böylece ömrümün sonuna kadar yeterli miktara sahip olacağım." Bu karar, Steve Jobs'a günlük hayatında gereken zamanı ve huzuru tanımış oldu. Bu seçimi, sunumları sırasında gerçekten de kişiliğini yansıtan bir etikete dönüştü.

"Görece daha az radikal olan bir tekrar erdemi de Barack Obama tarafından benimsenmişti: Eski başkan neredeyse her gün ya gri ya da mavi takım elbise giymeyi tercih ediyordu. Bu durum kendisine sorulduğunda şu cevabı vermişti: "Her gün ne yiyeceğime ya da ne giyeceğime dair kararlar almak istemiyorum, çünkü zaten vermem gereken yeteri kadar karar var."

Anna Sólyom, reiki koçu ve ustası

Günlük yaşamın virüsleri

Yaşamımızı kolaylaştıracak alışkanlıklar edinmek bize mutluluk ve huzur getirir. Bunun yanı sıra, benliğimize tıpkı bir virüs gibi sirayet eden kötü alışkanlıklarla da karşı karşıya kalırız. Bu alışkanlıkları doğal yollarla bırakamadığımız için, onlardan kurtulmamız neredeyse imkânsızdır, ayrıca günlük yaşamımızın dizginlerini bu tarz alışkanlıkların eline verdiğimiz takdirde iyice raydan çıkabilirler. Ama bu savaşı henüz kaybetmiş değiliz! Âdetlerin gücüne başvurabiliriz. Kötü alışkanlıklarımızı iyi olanlarla değiştirerek, hayatımızı tekrardan rayına oturturuz, böylece trenimiz düşlerimizin yolunda ilerleyebilir. Öte yandan, yaratıcılığımızın kendini göstermesi için zihin sahamızı özgür bırakırız. Bu tarz âdetler sayesinde, çok daha huzurlu bir geleceğe doğru ilerleyebiliriz. Her gün saat dörtte uyanan ünlü yazar Haruki Murakami'yi ele alalım. İlk yaptığı şey beş altı saat yazı yazmak. İşi bittiğinde saat 10 civarı koşuya çıkıyor ya da yüzmeye gidiyor, daha sonra gününü o anki ruh haline bağlı olmak üzere yürüyerek, okuyarak ya da müzik dinleyerek geçiriyor.

21 gün kuralı

New York Times'ın ünlü gazetecisi Charles Duhigg, karnı acıkmamış olmasına rağmen her gün öğleden sonra saat üç civarında canı çikolatalı kurabiye yemek istediğini ve bu yüzden de kilo almaya başladığını fark edince alışkanlıklar konusuna ilgi duymaya başladı. Peki, bu karşı koyulmaz istek nereden geliyordu? Kendi deyimiyle: "Alışkanlıklar, günlerimizi kuşatan bilinçsiz seçimler ve görünmez tercihlerdir." Birçok başarı hikâyesine dayanan araştırma, yeni ve olumlu bir alışkanlığın ancak 21 günde pekiştiğini ortaya koydu. Her yeni alışkanlığın mutlaka kararlılıkla tetiklenmesi gerekir ve söz konusu alışkanlık ancak ve ancak tekrar döneminin sonuna gelindiğinde otomatikleşebilir.

Ruhunuzu yeniden programlamak için yapacağınız ilk şey, sizi mizacınıza uygun olmayan bir eylemi yapmaya iten rutini belirlemektir. Duhigg açısından bakacak olursak, her gün kafeteryaya inip çikolatalı kurabiye satın alarak yorgunluğunu bir nebze telafi ettiğini fark etmişti. Yeni bir alışkanlık edinmenin ikinci aşaması da yeni bir telafi unsuru keşfetmektir. Aslında bu, *New York Times* gazetecisinin ihtiyaç duyduğu bir molaydı. Kurabiye, farkında olmadan günlük yaşamına soktuğu bir çözümdü. Bunun farkına vardıktan sonra, bu telafiyi çok daha sağlıklı olan bir diğeriyle değiştirebildi: odasından çıkmak ve bir meslektaşıyla on dakika kadar sohbet etmek. Edindiği bu yeni alışkanlık, kilosunu olumsuz olarak etkilemeden mola vermesine olanak tanıdı. Bu alışkanlığı 21 gün boyunca tekrarlayarak onu bir rutine dönüştürmek isteyen Duhigg, karşı koyulamaz isteğinin kendini belli etmeye başladığı saate alarm kurdu. Alarmın çaldığı an gazeteci için, yapmakta olduğu şeyi bırakıp müsait olan bir arkadaşıyla birkaç dakika sohbet etmesi gerektiğine dair bir işaretti. Müsait birini bulamadığı zamanlarda da, dışarı çıkıp biraz yürüyordu.

Yapılan birçok araştırmaya göre, gün içinde aldığımız kararların yaklaşık yüzde 40'ı beynin kendiliğinden ürettiği alışkanlıklardır, bazen bu durum yıllarca sürebilir. Bunlar, düşünülmüş eylemler değildir. Bize zarar veren alışkanlıkları saptayıp onları daha pozitif olanlarıyla değiştirebiliriz ve bunu 21 gün boyunca uygulayabilirsek şayet, yaşam kalitemiz mucizevi bir biçimde artış gösterecektir.

Yeni bir alışkanlık nasıl kazanılır?

Bu egzersizi Charles Duhigg'in tekniklerinden yola çıkarak hazırladık. Bunlar, kötü alışkanlıklarımızdan sıyrılmamızı ve hedeflerimize çok daha hızlı bir şekilde ulaşmamızı sağlayacak. Konuyu derinlemesine incelemek isteyen okuyucularımıza, Duhigg'in *Alışkanlıkların Gücü: Özel ve İş Hayatımızda Davranışlarımızın Ardında Ne Yatar?* isimli kitabını okumalarını öneririz. Şimdi egzersiz bölümüne geçelim.

1. aşama: kötü alışkanlığın kendini ne zaman ve nasıl gösterdiğini saptamak

- Kötü alışkanlığınız nedir? ....
  ....
- Hangi şartlar altında ortaya çıkıyor? ....
  ....
- Nerede ortaya çıkıyor? ....
  ....
- Kimlerin etkisiyle ortaya çıkıyor? ....
  ....

- O an neler hissediyorsunuz? ....
....

2. aşama: telafi unsurunu saptamak

- Kötü alışkanlığınızı gerçekleştirdiğiniz sırada telafi ettiğiniz şey nedir? ....
....
- Telafi unsurunuzu kaybetmemek için bu alışkanlığı daha sağlıklı olan hangi alışkanlıkla değiştirebilirsiniz? ....
....

Örneğin, kötü alışkanlığınız akşamüstü şekerleme yemekse, bunun yerine kuru meyve tüketmeyi deneyin. Hâlâ tatmin olmadıysanız, kısa bir gezintiye çıkmayı deneyebilirsiniz. Belki de şeker tüketme isteğinizin sebebi canınızın sıkılması ya da endişe duymanızdır. Bunu öğrenmenin tek yolu, size zarar vermeyen en uygun alternatifi bulana kadar denemeye devam etmektir. Bir alışkanlığı bir çırpıda değiştirmek zordur, ayrıca değişimi gerçek anlamda arzulamanız için sizi yeteri kadar motive edecek iyi bir telafi unsuru bulmak da son derece önemlidir.

3. aşama: alışkanlığın yerleşmesini sağlamak

En sonunda kötü alışkanlığınızdan kesin olarak kurtulmanıza yardımcı olacak yeni alışkanlığın yerleşmesini sağlayabilirsiniz. Bunun için, yan sayfadaki cümleyi tamamlamanızı öneriyoruz.

Canım ne zaman ....istese, yapmam gereken şeyin ....olduğunu biliyorum, çünkü bana .... olanağı tanıyor.

Örneğin: **Canım ne zaman** akşamüstü saat beş gibi (çünkü yalnız olduğumu ve sıkıldığımı o vakit anlıyorum) bisküvi yemek **istese, yapmam gereken şeyin** fikrimi değiştirecek bir gezintiye çıkmak **olduğunu biliyorum, çünkü bana** okuma yapmaya dönmeden önce çay içme ve hava alma **olanağı tanıyor.**

5. Aşama: Geribildirim

Farklı bir bakış açısının önemi

Geribildirim, insanların bize kendimizi nasıl geliştirdiğimizi söylemesi; eylemlerimizi ve çalışmalarımızı nasıl algıladıklarını ifade etmeleridir. Mühendislikte, bir treni daha iyi bir seviyeye çıkarmaktan bir uzay görevine kadar her konuda geribildirim almak son derece önemlidir. Bilim, denemelerle ve yanılmalarla beslenir. Bir araştırma yapılırken, peş peşe birçok çözüm test edilir ki hangisinin daha iyi sonuç vereceği saptanabilsin. Ampule bir filaman geliştirmek isteyen Thomas Edison bir başarısızlıktan diğer başarısızlığa koşup durdu, ama yaşadığı her hayal kırıklığı doğru materyali bulana kadar yepyeni fikirler geliştirmesini sağladı.

Aynı ilkeyi kendi yaşamımıza da uygulayabiliriz. Varoluşumuzu her açıdan (ilişkilerimizi, kariyerimizi, para yönetimimizi, kültür seviyemizi...) analiz edebilir, her birini tatmin seviyemize göre 1'den 10'a kadar puanlayabiliriz. Ardından üzerimize düşen görev az puan almış noktaları, bir önceki bölümde gördüğümüz üzere yeni alışkanlıklar edinerek geliştirmek ve düzeltmek olacaktır.

Olumsuz geribildirim de isteyin!

Elon Musk'a başarısının sırrı sorulduğunda şöyle cevap vermişti: "Başkalarının fikirlerine kulak verin, özellikle de ailenizden ve arkadaş çevrenizden gelen olumsuz geribildirimlere." Bir geribildirim almak ya da vermek her zaman kolay değildir. Duygularımız ağır basabilir ve bu da kararımızı etkileyebilir. Bir arkadaşınızın karşısına geçip yanlış yaptığını söyleyebilir misiniz? Aylarınızı harcadığınız bir projenin olumsuz bir yorum almasını kaldırabilir misiniz?

Olumsuz bir geribildirim aldığımızda, ondan içgüdüsel olarak kaçınırız. Eleştirileri kabul etmek her zaman zordur ve başkalarının söylediklerini gerçek anlamda tahlil edebilen çok az sayıda insan vardır. Kuşkusuz ki kasıtlı bazı eleştiriler yalnızca kıskançlıktan dile getirilir. Öte yandan, birden fazla insan tarafından aynı konuda eleştiriliyorsak, kendimizi sorgulamamız ve ne tarz değişiklikler benimseyeceğimizi düşünmemiz gerekir. Giriştiğimiz herhangi bir konuda ilerlemek istiyorsak, doğrudan olumsuz geribildirim talep etmek bize büyük oranda fayda sağlayacaktır. Bunu yapmak için de iyi kalpli insanlara yönelmek gerekir, samimi olduğunu bildiğimiz ve her fırsatta gönlümüzü hoş tutmak için uğraşmayan insanlara.

Eğer Sizden İstenmediyse Asla Tavsiye Vermeyin

Bazen bir kişinin hayatında düzgün gitmeyen bir şey fark ettiğimizde, bizden istenmediği halde o kişiye tavsiye verme eğilimi gösteririz. Bu tarz olaylarda genel olarak bu teşebbüsümüz o kişinin daha fazla strese girmesine sebep olur. Zaten fikrimizi bilmek istese, doğrudan sorar. Ayrıca, geribildirimimizi bir eleştiri olarak da algılayabilir, kendini korumaya alabilir ve hınç duyabilir.

Bir asır kadar önce, Dale Carnegie, yapılan eleştirinin, kişinin kendine olan güvenini etkilediğinden dolayı nadiren hoş karşılandığını dile getirmiş; daha olumlu yorumlar yapabileceğimizi söylemişti. İyi yapılan, altından kalkılabilen bir şeye vurgu yapmak her zaman çok daha iyidir.

Eleştirinin gerekli olduğu durumlarda (bir çalışana, öğrenciye ya da çocuğa karşı sorumluluğumuz olduğu zamanlarda), eleştirmeden önce kişiyi iltifatlarla hazırlamak, bu yolla ona sevildiğini ve değer verildiğini hissettirmek çok önemlidir. Dahası, bir dostluğun bozulmasını engellemek ve iyi karşılanmak için her eleştiri en az beş olumlu yorumla telafi edilmelidir.

Faydalı bir geribildirim almanın anahtarı doğru ve net sorular sormaktır. Eğer "Son sergimi nasıl buldunuz?" diye sorarsanız, "Fotoğraflarınıza bayıldım!" ya da "Harikaydı!" gibi cevaplar almanız kaçınılmazdır. Bu tarz cevaplardan hiçbir şey elde edemezsiniz. Daha ziyade, "Bu sergideki yirmi fotoğrafın içinden, hangisi size daha anlamsız, daha ruhsuz geldi?" gibi daha net sorular sorarsanız, gelen cevapları can kulağıyla dinlerseniz, çok daha yapıcı yorumlar almış ve bir sonraki serginizde neyin üzerine daha çok düşmeniz gerektiğini de öğrenmiş olursunuz. Ayrıca, bir kişinin, geribildirimi sayesinde size fazlasıyla yarar sağlayacağını hissettiğiniz anda detaya girmekten çekinmeyin: "Neden bu fotoğrafın daha anlamsız olduğunu düşünüyorsunuz?"

İyi bir geribildirim, ikigaimizin, yani tutkularımızın çok daha hızlı gelişmesini sağlar. O olmadan, rotayı her sabah değiştiren bir pusulayla olasılıklar denizinde boğulma riskine gireriz.

> "*Ahlakın altın kuralı şudur: Kendinize sorun; hak etmediğiniz halde çiçek almayı mı tercih edersiniz, yoksa buna layık olmanıza rağmen övülmemeyi mi?*"
>
> Nassim Nicholas Taleb

İşte, yaşamınızı düzene sokacak ve sizi hedeflerinize bir adım daha yaklaştıracak faydalı bir geribildirim almanız için birkaç öneri...

- Hayranlık duyduğunuz ve konuya sizden daha hakim olan insanlara danışın.

- Konuya sizden çok daha az hakim olan kişilerin ve yabancıların eleştirilerini dikkate almayın.
- Konuştuğunuz kişinin size geribildirim vermekten onur duymasını sağlayın. Yardımına başvurduğunuz kişilerin hakkını verin.
- Bir eser ya da bir proje hakkında geribildirim alabilmek için aşağıdaki üç soruyu sorabilirsiniz.

  En az neyi beğendiğinizi söyleyebilir misiniz? Kötü algılamam.
  En çok neyi beğendiğiniz?
  Onu neden bu kadar çok beğendiniz?

Eğer bir soruya cevap vermek istemeyen ya da nasıl cevap vereceğini bilmeyen olursa diğer soruya geçin. Demek ki oradan işinize yarayacak bir geribildirim gelmeyecek.

BDB* Yöntemi: bırak, devam et, başla

Brigham Young Üniversitesi'nin psikoloji profesörü Phil Daniels, aşağıdaki üç sorunun bir kişiden geribildirim almak için mükemmel sorular olduğunu söylüyor. Amaç, kişinin vereceğiniz tepkiden korkmadan size tavsiyede bulunabilmesini

* İngilizcede SKS yöntemi olarak bilinir; stop, keep, start. (ç.n.)

sağlamak. İlk soru son derece kurnazca, çünkü doğrudan nerede yanlış yaptığınızı sormuyorsunuz, soruyu dolaylı olarak sormuş oluyorsunuz.

1. Neyi yapmayı **bırak**malıyım? ....

....

2. Neyi yapmaya **devam et**meliyim? ....

....

3. Neyi yapmaya **başla**malıyım? ....

....

Bu üç soruya verilen cevaplar sayesinde elde edeceğiniz bilgiler, hayatınızın her alanında (iş hayatınızda, şahsi ilişkilerinizde, hobilerinizde ya da türlü hadiselerde vb.) gerçekleşecek tüm değişimleri hızlandırmanıza olanak tanıyacaktır. İlerlemeniz için olumsuz bir geribildirime kulak vermekten daha kısa bir yol yoktur.

6. Aşama: Senpai

Bir (ya da daha fazla) akıl hocasına danışın

Seyahatimize devam ederken, daha önceki aşamalarda gördüğümüz kavramları birleştireceğiz. Bu bölümde, 10 bin saat kuralına biraz önce işlediğimiz geribildirim ile yaklaşacağız. Her gün piyano çaldığımızı düşünelim, fakat zaten çalmayı bildiğimiz o favori parçayı tekrar edip durursak, kendimizi geliştiremeyiz. Bir öğretiyi en iyi şekilde pratiğe dökmek için konfor alanımızın dışına çıkmamız gerekir. Yalnızca yeşil sahalarda koşarsak, hiçbir zaman olimpik kayakçı olamayız.

Konfor alanımızdan ayrılmamızla ortaya çıkan zorlukların ve korkunun üstesinden gelebilmek için, Ericsson'ın "ihtiyatlı egzersizler" diyerek dikkat çektiği istikrarlı ve kaliteli geribildirimlere ihtiyaç duyarız. Başka bir deyişle, rehberliyle ve tavsiyeleriyle daha üstün bir aşamaya geçmemizi sağlayacak bir profesyonele, bir akıl hocasına, bir koça ihtiyaç duyarız.

Senpai-kohai ilişkisi

Japonya'da, yeni mezun bir genç bir şirkette çalışmaya başladığında, ona kılavuzluk etmesi için bir *senpai* tahsis edilir. *Senpai* bir patrondan ziyade bir akıl hocasıdır. Görevi, yıllardır sürdürdüğü mesleği hakkında ne biliyorsa her şeyi yeni çalışana (*kohai*) aktarmaktır. Bilginin aktarılması için büyük önem taşıyan *senpai-kohai* ilişkisi, Japonya'nın teknoloji ve sanayi gelişimini arttıran etmenlerden biridir. Toyota'da motor yapımı bölümünde otuz yıllık tecrübeye sahip bir mühendisin *kohai*'si olduğunuzu düşünün. Şüphesiz ki onun yanında çalışarak geçireceğiniz bir yılın sonunda, dünyadaki tüm üniversite mezunlarına kıyasla motorlar hakkında çok daha fazla bilgi edinirsiniz.

Sizin akıl hocanız kim?

Birer deha olduğu söylenen kişilerin izlediği yolları incelediğimizde, onların bu tarz yeteneklere doğuştan sahip olduklarını ya da şans eseri alanlarında en iyisi olduklarını düşünürüz. Gelgelelim, her mucizenin ardında genel olarak bir efendi ya da bir akıl hocası saklıdır. Çok küçük yaştan beri, çıraklık dönemi için Mozart'a babası eşlik etmişti. Genç adam 10 yaşına geldiğinde, babasının gözetimi altında ihtiyatla yaptığı 10 bin saatlik egzersizini tamamlamıştı bile. Albert Einstein'ın da bir göz doktoru olan Max Talmey adında her hafta onlara yemeğe giden bir akıl hocası vardı, ayrıca Einstein'a o küçük yaşında bilim kitapları götüren ilk kişi de Talmey olmuştu.

İnsanlar bir deha olarak doğmaz, sonradan olurlar. Kaç yaşında olursanız olun, size eşlik edecek ve kapasitenizi değerlendirecek iyi bir akıl hocası seçerek bir dehaya dönüşebilirsiniz.

Senpai Üniversitesi

Japonya'da çalışmaya başladığımda, kurumsal şirketlerde işe yeni başlayan çalışanların, diğer ülkelerdeki üniversitelerden mezun olan mühendislerle kıyaslandığında son derece hazırlıksız olmaları beni ziyadesiyle şaşırtmıştı. Bazıları HTML'nin ne olduğunu ve web sayfalarında kullanılan dilin ne anlama geldiğini bile bilmiyordu. Ne var ki, sıfırdan başlamış olsalar bile onların senpai'lerinin verdiği talimatları dinleme ve uygulama yetenekleri sayesinde zamanla birinci sınıf uzmanlara dönüştüklerini fark ettim; bu, hayal gücümü aşan bir durumdu.

Héctor

İyi bir akıl hocası meseleyi bir kez olsun unutmamamızı ve konsantrasyonumuzu kaybetmememizi sağlayarak, yaptığımız egzersizlerin her bir saatine kendimizi en iyi şekilde vermemize yardım eder. İster profesyonel ister kişisel bir tasarı olsun, iyi bir *senpai* seçmek, şinkansen etkisi sayesinde hayatımız süresince ders almamıza yardım eder; içimizdeki ikigai ile ahenk içinde olmamızı ve ondan uzaklaştığımız anların farkına varmamızı sağlar. Bu bir uzman, bir terapist, bir koç ya da bir danışman olabilir, öte yandan sizinle aynı tutkuları paylaşan ya da birbirinizi karşılıklı olarak yönlendirebildiğiniz bir dostunuz da olabilir.

Oto-koçluğun yöntemleri

Size eşlik edecek iyi bir akıl hocası bulana kadar kendinizin koçu olabilirsiniz. Yapmak üzere olduğunuz şey hakkında geribildirim edinmek için işte birkaç yaratıcı yöntem;

- Spor dalları söz konusu olduğunda, gelişiminizi ölçmek ve ne kadar ilerlediğinizi görmek için elektronik aygıtları kullanabilirsiniz.
- YouTube, sizinle aynı şeyleri çok daha iyi şekilde yapan insanları keşfetmek için ideal bir internet sitesidir.
- Alanınızda hayranlık duyduğunuz biri varsa, onunla yapılan röportajları okuyun ve notlar alın. O kişinin geçtiği yolları öğrenin ve başardıklarından ilham alın.
- Planlarınızı özel forumlarda anlatın, şüphelerinizi dile getirmekten çekinmeyin. Forumun uzmanını en kısa sürede tanıyıp onunla yakınlık kurmaya çalışın ve ondan tavsiye isteyin.
- Örneğin hedefiniz iyi bir çevirmen olmaksa, en sevdiğiniz romanı tercüme etmeye çalışın. Kendi çevirinizi, kitabın tercümanın çevirisiyle karşılaştırın. Kelime kelime analiz edin: Çevirmen neden bu ya da şu kelimeyi kullanmış ve neden siz başka bir sözcüğü tercih etmişsiniz?
- İlgi duyduğunuz alanda iyi işler başarmış kişilerin kitaplarını ve biyografilerini okuyun.

Piyano Satori

Sanat terapisi dalında koçluk faaliyetlerimi geliştirmeye başladığım dönemde gençlerin, tıpkı bir şişe şampanya patlatır gibi, içlerindeki yaratıcılığı dışarı fışkırtmalarına yardımcı olacak önemli hareketleri araştırmaya koyuldum. Takıldıklarını söyleyen, ama çalıştay sırasında son derece kaliteli metinleri doğaçlama yazabilmiş olan öğrencilerle hızlı yazmanın gücünün ayırdına önceden varmıştım. Görsel sanatlar vasıtasıyla buna benzer bir olgu yaratabilmek için kendimizi anlık akışa bırakmamız gerekir. En büyük başarılarımıza, kendimizi sürekli analiz etmeyi ve eleştirmeyi kestiğimizde ulaşırız.

Bu tarz bir sonuca, daha önce müzikle uğraşmamış insanlar için ulaşılması pek de olası görülmeyen bir müzik aleti olan piyanoyla ulaşmak biraz gerçek dışı görünebilir. Bu önyargıyı defetmek için, ünlü piyano ustası Antonio Ortuño'nun yöntemlerinden ilham alarak (zen dilinde, "sarsıcı ilham" anlamına gelen) piano satori'yi yarattım. Bu zorlu görev, ilk seanstan itibaren (bir saatten daha az bir sürede) herkese iki elle basit bir parça çaldırmak; ardından, dördüncü ya da beşinci seansta da Pachelbel'in Canon adlı eserinin sadeleştirilmiş versiyonunu yorumlatmayı içeriyordu. Öğrencilerimi klavyenin başına oturmaları için teşvik ettim ve onlar farkına bile varmadan çok daha büyük hedeflere ulaşabilmeleri için önlerine ufak hedefler koydum. Piano satori öğrencilerinin neredeyse hepsinin başlangıçtan itibaren çift elle çalabildiğini görünce çok şaşırmıştım. Bir ayın sonunda, sevdikleri parçaları çalabilecek seviyeye ulaşmışlardı bile.

Sonuç olarak bu tecrübe dünyaya büyük piyanistler kazandırmasa da, içlerinden birini bu seviyeye çok yaklaştırdı. Bu uğraş onu yaratan ve faydalı bir hale dönüştüren psikolojik bir tetikleyicidir: Kişinin bir saat önce başaracağını hiç düşünmediği bir şeyi yapabildiği andan itibaren her seviyede kuvvetli bir değişim baş gösterir. Bütün imkânsızlıklar şaibelidir, kişi zorlu ve yeni bir göreve soyunur. Bu yöntemin beyne gönderdiği bilinçdışı mesaj şu şekilde tercüme edilebilir: Çift elle piyano çalmak gibi, asla yapamayacağınızı düşündüğünüz bir şeyi yapmayı başarırsanız, sigarayı bırakmak gibi daha kolay olan bir şeyi neden yapamayasınız?

Francesc

Bilinçli bir egzersiz seansının gelişimi

1. Hedefinizi belirleyin ve gözlemleyin

Uzmanlaşmak veya yetkinleşmek istediğiniz bir faaliyet seçerek seansın hedefini belirleyin. Bu sizin için büsbütün yeni bir faaliyetse şayet, işe uzmanlara bakarak ve çalışmalarıyla ilgilenerek başlayın. Sizinkinden daha mı iyiler? Ne konuda? ....

....

2. Antrenman seansı

Bu aşamada yalnızca pratik yapmak istediğiniz faaliyete konsantre olun. Konsantre olmakta zorlanıyorsanız, 12. bölümde anlattığımız (bkz. sayfa 115) Pomodoro tekniğini kullanabilirsiniz. Bu elle yapılan bir işse ve yalnızca tekniğinizi geliştirmek istiyorsanız, kendinizi kameraya alın. .....

....

3. Oto-geribildirim

Antrenman sona mı erdi? Sıra, sonuç çıkarmakta. Günün seansı nasıl geçti? Kendinizi nasıl hissediyorsunuz? Mutlu musunuz? Yorgun mu? Yoksa konsantrasyonu bozuk mu?

....

0 (kolay) ile 5 (zor) arasında bir puanlama yapmanız gerekse, seansa kaç verirsiniz? ....
....

Eğer çok kolayınıza geldiyse, bir sonraki seans için biraz daha zor bir faaliyet bulun. ....
....

4. Hataları tespit edin ve düzeltin

Hangi noktalarda birden çok seferde yanlışa düştünüz? Ne zaman şüphe duydunuz? Neyi geliştirmelisiniz? ....
....

Eğer bir tane bile hata yapmadıysanız üzerine gittiğiniz şeyin yeteri kadar hırs ve gayret gerektirmediği ve sizin de gelişme göstermediğiniz anlamına gelir. ....
....

5. Seans boyunca hissettiğiniz kuşkuları not edin

Kuşkularınızı kiminle paylaşacağınıza karar verin. Bunu, çevrimiçi bir forumda ya da sosyal ağlarda yapabilir; veya doğrudan bir uzmana ya da sizinle aynı meraka sahip bir arkadaşınıza da açılabilirsiniz. ....
....

6. Sorularınızı ve elde ettiğiniz cevapları not edin

Bir sonraki seansta neleri düzeltmek istiyorsunuz? ....
....

7. Aşama: Öykünme

Keşfedin, imrenin ve geride bırakın

Kitabın başında, Japonların yüksek hızlı treni için gereken mucizeden bahsetmiştik. Bu hikâye neredeyse herkes tarafından bilinir. Buna karşılık, ilk lokomotiflerin mucidinin ismini bilenlerin sayısı pek azdır: Richard Trevithick. Britanyalı mühendis bu olağanüstü makineyi 1802 yılında, Galler'deki bir demir-çelik fabrikasında inşa etti. Patentini bir yıl sonra fabrikanın sahibi Samuel Homfray'ye sattı. Bu makinenin neler yapabildiğini gören Homfray bir başka fabrikatörle bahse girdi: Gün gelecek, bir lokomotif on tonluk demiri 15,7 km uzunluğundaki demiryolu üzerinden Abercynon kasabasına kadar çekecekti. Uzun yıllar beklenen an 12 Şubat 1804 tarihinde gerçekleşti: Bir lokomotif demirden yapılmış beş vagonu, içlerindeki yetmiş adamla birlikte, saatte yaklaşık 4 km bir hızla vadedilen noktaya kadar çekti (şayet vagonlar boş olsaydı, hızı saatte 25 km'ye kadar çıkabilirdi); tarihteki ilk buharlı trenin bu kahramanlığı gerçekleştirmesi tam 4 saat 5 dakika sürdü.

Her şey mutlaka bir noktadan başlar, varolanı geliştirme kabiliyetimiz neredeyse sınırsızdır. Üstelik bu durum, ister ufak tefek ister önemsiz olsun, kişisel planlarımız için de geçerlidir.

Gelişmek için taklit etmek

Kitabın bu bölümünü adadığımız Benjamin Franklin son derece orijinal ve zihinsel bir egzersiz keşfetmişti: Dergilerde yayımlanan metinleri okur ve birkaç gün sonra, hafızasında kalanların kopyasını gerçeğe mümkün olduğunca sadık kalarak çıkarmaya çalışırdı. Daha sonra yazdıklarını, metnin orijinaliyle karşılaştırırdı. Bu teknik, aslında hiç de şaşırtıcı değil. Büyük ressamlar da çalışmaya öncelikle hayran oldukları sanatçıların eserlerini çizerek başlar, ardından elde ettikleri sonucu orijinal eserle karşılaştırırlardı.

Japonya'da "taklit etmek" fiili özünde, batı ülkelerinde kullanıldığı gibi bir olumsuzluk barındırmaz. Yalnızca kopyası çıkarılan şeyin uyarlanmasını ya da geliştirilmesini amaçlar. Arka planında Fuji Dağı olan dalgaların resmedildiği *Ukiyo-e* gravürleri bunun en ünlü örnekleridir ve bu meseleyi pek güzel anlatır. Hepsi de, genel olarak iyi muhafaza edilememiş orijinal modelden yola çıkılarak yapılan kopyalardır. Modelin hiçbir değeri yoktur, değerli olan taklitleridir. Japoncada "taklit etmek" anlamına gelen birçok terim "yansıma" kavramına yakındır ve bir şeylerin yansıması çoğu zaman orijinalinden daha güzel olabilir.

Yaratıcılığın On Temel Sırrı

Amerikalı sanatçı Austin Kleon, *Bir Sanatçı Gibi Araklayın* adlı kitabında, bir projeyi uygulamaya koymak için gereken, birbirinden şaşırtıcı tam on taktiği anlatır. İlk yapılması gereken taklit edilecek bir model seçmek, sonra da bu modeli gölgede bırakmaktır.

1. **Bir sanatçı gibi araklayın.** Bundan kastımız, bir eseri aşırmak değil, kendi projelerinizi inşa etmek için başarılı modellerden ilham almaktır.

2. **Başlamak için kim olduğunuzu keşfetmeyi beklemeyin.** Bu yolda kişiliğinizi, yeteneğinizi, ikigainizi bulacaksınız.

3. **Okumaktan hoşlandığınız kitabı yazın.** Henüz yapılmamış bir şey belki de hayat amacınız olacaktır.

4. **Ellerinizi kullanın.** Kleon şöyle der: "Bilgisayarlar bir şeyi gerçekten yapma hissini çaldılar. İşe sadece beyninizi değil, tüm bedeninizi dahil edin.

5. **Tüm planlar ve hobiler önemlidir.** Tutkular mutluluk getirir. Dahası, hem sizin hem de başkalarının hayatını değiştirecek projelere dönüşebilirler.

6. **İyi iş çıkarın ve bunu paylaşın.** Geribildirim almak için yaptıklarınızı paylaşın ve yeni projeler üretin.

7. **Dünya çok geniştir.** Kleon'un dile getirdiği gibi: "Seyahat etmek dünyayı yeni bir bakış açısıyla görmemizi ve beynimizin daha iyi işlemesini sağlar."

8. **İnce davranın (dünya bir kasabadır).** Enerjinizi çekişmelere harcamak yerine yaratıcı amaçlara yöneltin.

9. **Rutini sevin.** Yaratıcılık şüphesiz ki projelerinizi daha iyi yürütebilmeniz için önemli bir unsurdur, fakat büyük tasarılarınıza rutin ve devamlılık olmadan hayat veremezsiniz.

10. **Yaratıcılık, aynı zamanda ara vermeyi bilmek demektir.** Diğer her şeyi bir kenara bırakıp olmazsa olmazlara ve işinize odaklanmalısınız.

Geçici değer

Batıdaki okullarda bizlere, bir bina ne kadar eskiyse onun o kadar değerli olduğu öğretilir. Zamanın boğucu sıkıntılarına tam dört yüz yıl boyunca dayanabilmiş bir kilise, savaş döneminde yıkıldıktan sonra tekrar inşa edilmiş olana kıyasla, seyahat rehberlerinde kendine dikkat çekici bir biçimde daha çok yer bulur. Japonya'da ister taklit olsun ister yeniden yapılanma, önemi olan şeylerin güzelliği işte budur. Öte yandan, Japon eğitimi güzel ya da mükemmel olması fark etmez, kataların* tekrarı vasıtasıyla belirli bir devinim yaratmayı hedefleyen modellerin yeniden yapımına dayanır.

Dünyanın en önemli tapınağı olarak görülen Ise'nin Şintoist tapınağı, 690 senesinden beri her yirmi yılda bir yıkılmakta ve aynı şekilde bir kez daha inşa edilmekte. Bugüne kadar altmıştan fazla kez inşa edildi, üstelik her seferinde aynı mimariyle. Şintoist düşünceye göre, bu gelenek belirli bir tazeliğin ve saflığın korunmasını amaçlıyor. Buna karşılık, bu âdet UNESCO'nun dünya mirası listesine girmediği gibi, belli ki seyahat rehberlerinin de hoşuna gitmiyor. Geçici değerin nasıl takdir edileceğini herkes bilemiyor.

Yeniliğe imza atmak için sentezlemek

4. yüzyıla kadar Japonca, yalnızca konuşulan, sözlü bir dildi. Yazı meselesi ortaya çıkınca Japonlar, kendi sistemlerini kurmak yerine, *hanzi* karakterlerine dayanan Çin yazılarından ilham aldılar. *Hanzi* karakterleri dillerine elbette mükemmel

* Esasen dövüş sporları sayesinde bilinen katalar, idman yaparak mükemmele ulaşması gereken bir öğrencinin, aşırılığa kodlanmış hareketler silsilesidir.

bir şekilde uyarlanmadı; günümüzde kullandıkları *kanji** karakterlerini oluşturmak için onları değiştirerek iki farklı alfabe meydana getirdiler: *hiragana* ve *katakana*. Japonlar kendi dillerini "yaratmak" için halihazırda olan şeylerden yola çıkarak bunları ihtiyaçlarına göre uyarladılar.

Buna, aynı oranda tuhaf ve çarpıcı bir başka örnek daha verebiliriz: *manga*. Bu türün yaratıcısı olarak bilinen Osamu Tezuka, benimsediği stilin temelini Disney'in animasyon filmlerinden, Amerikan çizgi romanlarından ve geleneksel Japon eserlerinden aldı. Bu üç kaynaktan ilham alan Tezuka, sadece yeni bir çizgi roman çeşidi yaratmakla kalmadı, yeni bir türün, manganın, ortaya çıkmasına önayak oldu. Ortaya çıkan bu tür, çizgi romanlara, animasyonlara ve romanslara dönüm noktası olmuş bir sanat dalıdır. Tezuka var olan unsurlardan ilham almış ve yabancı topraklardaki gözlemlerini kendi ülkesinin düşünce ve sanat biçimine uyarlamıştı.

Mevcut trendleri uygulamak

Yabancı kaynaklı ticari bir fırsat yakalayıp onu taklit etmek ve derhal kendilerine göre uyarlamak konusunda Japonlar genel olarak son derece iyidir. Starbucks'ın yöneticileri ilk mağazalarını Japonya'ya açmak istediklerinde, kendileriyle aynı konsepte sahip düzinelerce zincir mağaza olduğunun farkına varmışlardı. Tabelaları bile taklit etmişlerdi! Ayrıca, 7-Eleven günün yirmi dört saati açık mağazalarıyla bütün Japonya'yı istila ettiğinde, Japon girişimciler bu modelin aynısını yapmakla yetineme-

* Japon yazıları karakterlerin birlikteliğinden oluşur: yani; kanjiler, kanalar, Latin harfleri ve Arap rakamlarının birlikteliğinden. Kanjiler Çinlilerden alınmış karakterlerdir; her kanji simgesi manaların (anlamların) ve metinlerin (hece türleri) birleşmesine bağlıdır.

yeceklerini anlamışlardı: Artık Japon toplumunun bir parçası olan 7-Eleven'ı tanzim etmişler, konsepti dönüştürmüşler ve çok daha fazla sayıda mağaza açarak ve bu mağazalarda Japon ürünleri de satarak Birleşik Devletler'i fethetmişlerdi.

Yakın zamanda, İspanyol şirketleri Japonya'dan jambon ithal etmeye başladılar. Birçok restoran mönülerine Serrano jambonu içeren tarifleri dahil etmeye başladı. Japonlar dillerine bu jambon çeşidini betimleyecek İspanyol kökenli bir kelime kazandıracak kadar ileri gittiler. Yavaş yavaş, *iberiko buta* (イベリコ豚, yani İberya usulü domuz pastırması) geleneksel Japon tariflerinin içine girmeye başladı. Bugün *iberiko buta* artık doğrudan Japonya'da üretiliyor. Tüm süpermarketlerde satılıyor, üstelik İspanyol jambonuna kıyasla çok daha ucuza. Etikete bakıldığında, bu jambonun *beriota* ile beslenmiş Hokkaido domuzlarından yapıldığı görülebilir (Japonlar aynı şekilde "meşe palamudu" anlamındaki İspanyolca kökenli *bellota* sözcüğünü de dillerine *beriota* olarak uyarlamışlardır). Şayet jambon, viskiyle aynı yolu izleseydi, İspanyol şirketlerinin endişelenmesi gerekirdi. Aslında, Japonlar birkaç sene önce en iyi İskoç damıtma tekniklerini taklit edip geliştirdi bile ve Britanyalı eleştirmenler Yamazaki Single Malt Sherry Cask'i dünyanın en iyi viskisi olarak seçti.

Sizi gölgede bırakacak bir tramplen

Yazı, müzik, çizim ve aşçılık gibi doğal yeteneklerinizden biriyle ilintili olan ve özellikle hayranlık duyduğunuz bir eser seçin.

Örneğin, yazarlığa yönelik belli bir yatkınlığınızın olduğunu ve bir roman seçtiğinizi hayal edin. İşte izleyeceğiniz aşamalar...

1. **Son dönemlerde etkisinde kaldığınız bir romanı dikkatle inceleyin.** Eşsiz olduğunu düşündüğünüz kısımları not edin (örneğin, diyalogların inceliği, tasvirlerin güzelliği ya da entrikanın alevlenişi). ....

....

2. **Zayıf yönlerini belirtin.** Şaheserler bile birçok yönden zevkinize göre geliştirilebilir (örneğin, romanın ağır ilerleyen kısımları, bölüm geçişleri, düşüş). Bu kısımları not edin.

....

3. **Düzeltmeleri "başka" eserlerden alın.** Sentez egzersiziyle, söz konusu zayıf kısımların güçlü bir dille ifade edildiği eserleri araştırın ve bunları, ideal romanda görülen özelliklerin listesine ekleyin. ....

....

4. **Bu niteliklerin tümüne sahip bir eser yazmaya başlayın.** Çeşitli romanlarda gördüğünüz ve listesini çıkardığınız olumlu özellikleri kendi projeniz için kullanın. ....

....

İlk denemenizde ortaya bir şaheser çıkaramayabilirsiniz. Endişelenmeyin, doğru yoldasınız. Günün birinde, orijinal eseri bile gölgede bırakacaksınız, hatta bu sentezlerden yaratacağınız ve başkalarına ilham olacak tamamen yeni ve çok daha iyi bir esere imza atacaksınız. Birçok sanatçı bile, kendi eserleri başkaları tarafından taklit edilecek kıvama gelmeden önce, başkalarına benzer eserler yaparak işe koyulmuşlardır.

8. Aşama: Siz ve Özünüz

Neyi sevdiğinizi keşfetmek için neyi sevmediğinizi öğrenin

Tutkumuzu keşfetmek... Yaşamımıza mutluluk katacak ve bu dünyaya fayda sağladığımızı hissettirecek bu eylem büyük önem taşır. Ne var ki, bilgi yağmuruna tutulduğumuz, her şeyin bizden daima ivedilikle istendiği ve sorumlulukların üzerimize çöktüğü çağdaş dünyada hayatımızı neye adayacağımızı keşfetmek öyle kolay bir iş değildir. Yüksek hızlı trenimizi ateşlemeden önce, hangi yöne gitmek istediğimizi bilmemiz gerekir. Bu kargaşa hiç kuşkusuz birçok insanın başarılı olmasına rağmen yaratıcılıktan ve bir anlam arayışından yoksun, amaçsız bir varoluşa sahip olmalarının sebebidir. Peki bu insanlar tutkularıyla yeniden nasıl bir araya gelebilirler?

Evrendeki yerimiz

İlkokuldan sonra birçok okul, öğrencilerin hayal güçlerini öldürerek yaratıcılıklarını teşvik etmeyi bırakırlar. Yalnızca sanatı ve çocukların yaratıcı yönünü desteklemek için, aileleri maddi açıdan zorlayacak ve çocuklara da ek bir çalışma sunacak müfredat dışı faaliyetler mevcuttur.

1998'de Birleşik Krallık, Sir Ken Robinson* liderliğinde, eğitim kavramını hem Büyük Britanya'da hem de tüm dünyada değiştirmek amacıyla yaratıcılığı, eğitimi ve ekonomiyi teşvik edecek bir komisyon kurdu. Gençliğinde ceremesini kendisinin de çektiği okul sistemini sonuna kadar eleştiren Robinson, gençleri yeteneklerini keşfetmeye teşvik etmeyen ve hayatta ne olmak istediklerini bulmalarına yardımcı olmayan tüm kurumları, kolejleri, lise ve üniversiteleri suçladı. "Öz" adını verdiği kavramı, tutkularımız ve misyonumuzla kesişen, ayrıca bir uğraş, bir meslek haline dönüşebilen ikigaiye oldukça yakındır.

* Bir İngiliz olan Sir Ken Robinson eğitim alanında bir uzmandır ve dünyada hem yaratıcılığı hem de yeniliği geliştirmek üzere yaptığı icraatlarıyla tanınır.

Robinson "öz"ü şöyle tanımlar: "Öz, tutkumuzun yeteneğimizle kesiştiği yerdir. Özümüzü keşfetmenin son derece önemli olduğunu düşünüyorum, bizi mutlu kıldığı için değil sadece, aynı zamanda dünya hızla değişirken yaşadığımız toplumların geleceği de buna bağlı olduğu için."

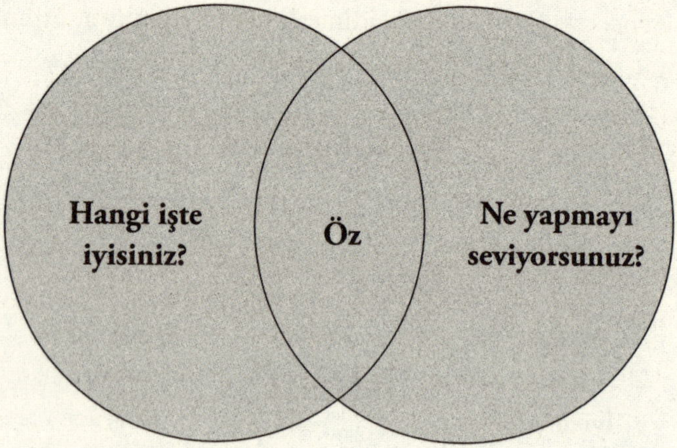

Dünyada bir yer edinmek öyle kolay bir iş değildir. Çoğu zaman yüz yüze geldiğimiz engeller karşısında pes etmeye meylederiz. Bu engeller, korkularımız ve kendimize olan güvensizliğimizin yanı sıra, cesur insanlara köstek olan ve farklı düşünenlere zarar veren toplumun ta kendisi de olabilir.

Bir sonraki ufuk

Öz adlı eserinde Robinson, çalışmayı seveceğimiz alanı keşfetmemizi ve yeteneğimizi daha yaratıcı bir topluma yönelik kullanabilmemizi sağlayacak bir dizi tavsiye verir.

- Alçakgönüllülüğünüzü ve korkularınızı geride bırakarak doğuştan sahip olduğunuz yeteneklerinizi bir kalemde keşfedin.
- Yeteneklerini savunabilen ve geliştirebilen, kendinden emin ve sorumluluk sahibi biri olun.

- Sizi her sabah yataktan kaldıracak bir sebep bulun, bu sizin motivasyonunuzu da arttıracaktır.
- Sevdiğiniz bir işi yaparken bir yandan da nasıl eğleneceğinizi keşfedin. Örneğin, tutkunuz yelkencilikse sizi gerçek anlamda neyin memnun ettiğini bulun, çünkü bir yelkenli kullanmak veya inşa etmek büsbütün birbirinden farklı şeylerdir.

Özünüzün ne olduğunu ve onu nerede bulacağınızı bilirseniz, geriye yalnızca harekete geçmek ve bu maceradan keyif almak kalır. Bazı insanlar işlerinde öyle başarılı ki onlar için işe gitmek, neredeyse tatile çıkmak kadar motive edici bir eylem; bu tarz insanları tanıyoruz. İster itfaiyeci, ister öğretmen, ister araştırmacı olsunlar, hiç önemi yok. Önemli olan şey özlerini bulmuş ve sarf ettikleri çaba sayesinde gezegenimizi daha hoş ve daha insancıl kılabilmiş olmalarıdır. Robinson'ın da dile getirdiği gibi, "Arayışınız tuzaklarla ve zaferlerle dolu olacak. Hayatınızı daha önce yaşayan kimse olmasa bile, her yerde, bu yola sizden önce baş koymuş ve size kılavuzluk edebilecek insanların koyduğu işaretler vardır. Nihayetinde, 'Varacağım noktaya ulaştım mı?' ya da 'Başka ufuklara yelken açmalı mıyım?' ya da 'Özümü buldum mu?' ya da 'Hâlâ arıyor muyum?' sorularına cevap verebilecek tek kişi sizsiniz. Ne olursa olsun, bu maceraya atılmaktan bir kez olsun şüphe duymayın."

Negatif-pozitif testi

Psikobüyünün* babası Alejandro Jodorowsky şöyle demiştir: "Neyi sevdiğinizi bilmiyorsanız, işe sevmediklerinizi listelemekle başlayın; bu tarz bir eleme yöntemiyle sizi memnun edecek şeyi keşfedebilirsiniz." Şimdi, aşağıdaki egzersize geçelim.

1. Öğrenmek istemediğiniz şeyleri listeleyin. Okula gittiğiniz dönemde ya da üniversite yıllarınızda nefret ettiğiniz uğraşları yazarak ve bu nefretin nedenini açıklayarak başlayabilirsiniz. ....

   ....

2. Sizi sıkan görevlerin bir listesini çıkarın. Daha önce bir yerde çalıştıysanız, önemsiz bulduğunuz ya da sizi çılgına çeviren görevleri not edin. ....

   ....

3. Yapmaktan hoşlanmadığınız günlük işlerin neler olduğunu belirleyin. Ev işlerinin angaryasından ajandanızdaki hazırlıklara kadar, gündelik yaşamın bağlayıcı tek bir mesuliyetini bile ihmâl etmeyin. Nedenlerini yazın. ....

   ....

4. Sevmediğiniz her şeyin ortak paydasını bulun. Negatif listeniz hangi açılardan benzerlik gösteriyor? Bu paydayı keşfetmek, özünüzü aradığınız sırada hangi yönlere sapmayacağı-

---

* Doğrudan bilinçdışı eylemlere dayanan terapatik bir yöntemdir (örneğin, uzun zamandır çekilen acılardan kurtulmak için bazı eşyaların veya kıyafetlerin gömülmesi gibi).

nızı gösterir. Tekrar eden görevler mi, yoksa aksine karar vermeniz gereken ve yaratıcılık gerektiren şeyler mi sizi yoruyor?..

....

- Bireysel faaliyetler mi, yoksa grup faaliyetleri mi? ....

....

- Bu görevler başkaları tarafından mı veriliyor, yoksa yalnızca size mi bağlılar? ....

....

- Fiziksel mi, yoksa zihinsel bir çaba mı gerektiriyorlar? ....

....

5. Sevdiğiniz ya da yapmaktan hoşlandığınız her şeyin bir listesini çıkararak devam edin ve bir önceki gibi kategorilere ayırın.

- Okul ve eğitim ....

....

- İş ....

....

- Gündelik işler ....

....

6. Dördüncü maddeye devam ederek sevdiğiniz her şeyin ortak paydasını bulun ve ekleyin: Özünüzü betimleyen ortak bir fikir ya da bir alan var mı? ....

....

7. Yapmayı bıraktığınız güzel birtakım faaliyetler var mı? Bu faaliyetlerden neden vazgeçtiniz? Bir kez daha başlamak için neler yapabilirsiniz? ....

....

8. Şu anda veya daha önceden sevdiğiniz şeylerin bir listesini çıkarın. İlk sırada hangisi var? Bunu hayatınıza daha çok dahil etmek için ne yapabilirsiniz? ....
....
9. Artık neyi sevdiğiniz netleştiğine göre, kendinize şu önemli soruyu sorun: Başlamaya cesaret dahi edemediğiniz neyi yapabilirsiniz? ....
....
10. Nasıl, nerede ve ne zaman başlayacağınıza karar verin ve bu yükümlülüğü sırtlandığınıza dair bir imza atın. ....
....

9. Aşama: Franklin

Niteliklerinizi geliştirin

Çıktığımız bu seyahate devam ederken, ikigaisiyle arasında bir ahenk yakalamak için 18. yüzyıldan itibaren kendine özgü birtakım araçlar geliştiren insanın yaşamını keşfetmek amacıyla, geçmişi kısa bir süreliğine ziyaret edeceğiz.

İçe bakış ve hayranlık, Benjamin Franklin'in sınırlarını aşmak için kullandığı iki güdüdür. İzlediği güzergâh seçici ve etkileyicidir. Başarılı bir siyasetçi olarak Amerikan devriminde ve Birleşik Devletler'in kuruluşunda esaslı bir rol oynamıştır. Ayrıca yıldırımsavarın mucididir ve bu alanda çok isim yapmamış olsa da hem büyük bir filozoftur hem de özgün bir kişisel gelişim yönteminin arkasındaki isimdir.

"Oldukça güç tamamlanan üç şey vardır: çelik, elmas ve kişinin kendini tanıması."

Benjamin Franklin

Kişisel gelişimin öncüsü

Bu bölümde adı geçen adam, böyle bir kavramın henüz var olmadığı bir dönemde kişisel gelişimin öncüsü olarak takdim edilebilir. Aslında, bu Amerikalı fikir adamı, kendimizi iyi tanımamamızın ve gelişmemiz için bizden daha iyi olan insanların yöntemlerinden ilham almamızın önemini daha o zamandan kavramıştı. Benjamin Franklin 20 yaşına bastığı zaman son derece hırslı bir amaç edinmişti: ahlaki mükemmelliğe ulaşmak. Bu bakış açısıyla vaktini eski zamanların büyük şahsiyetlerinin biyografilerini okuyarak geçirdi. Bu okumalardan edindiği bilgiler ışığında, bugün "Benjamin Franklin'in 13 erdemi" olarak bildiğimiz, ahlaki mükemmellik için gerekli olan veya olması arzu edilen 13 nitelik keşfetti: ölçülülük, sessizlik, düzen, azim, tutumluluk, çalışkanlık, samimiyet, adalet, ılımlılık, temizlik, dinginlik, iffet ve tevazu.

13 erdem

Franklin bu erdemlerin her birine, kendisi için ne ifade ettiğini kısaca anlatan birer tanım ekledi. 18. yüzyıl tarihli bu tanımlar günümüzde geçerliliğini hâlâ korumaktadır.

Ölçülülük

"Ne bıkana kadar yiyin, ne sarhoş olana kadar için." Franklin bilmeden de olsa, karnımızın yüzde 80'inin doyduğunu hissettiğimiz anda yemeği bırakmamızı öneren ve *hara hachi bu* denilen bir Japon geleneğini tanıyordu.

Sessizlik

"Başkalarına ya da bizzat kendinize yalnızca faydalı olacak sözler sarf edin, boş konuşmalardan kaçının." Veyahut, bir

Japon atasözünün dile getirdiği gibi: "Bugün söylemeniz gerekenleri yarına saklayın."

Düzen

"Her şeyin bir yeri, her işin bir zamanı olur." Japon Marie Kondo, *Hayatı Sadeleştirmek İçin Derle Topla Rahatla* adlı kitabında çevremizin, dengemiz ve ikigai gelişimimiz üzerinde büyük etkisi olduğunu söyler.

Azim

"Ne yapmanız ve neye bağlı kalmanız gerektiğine karar verin." Bu erdem, azmin ve çabanın yaşamımızın her kademesinde çok büyük bir öneme sahip olduğunu savunan *ganbarimasu* kavramından ayrı olarak düşünülemez.

Tutumluluk

"Hem başkaları hem de kendiniz için yarar sağlayacak harcamalar yapın. Bir başka deyişle: Har vurup harman savurma." Azı karar, çoğu zarar. Kısacası, yaşamınızı sadeleştirin. Minimalizm sizi, nitelikte iyi ama nicelikte çok az eşyaya sahip olmaya ve çok az bağlantı kurmaya davet eder.

Çalışkanlık

"Zaman kaybetmeyin, her daim faydalı şeyler yaparak meşgul olun, gereksiz tüm faaliyetlerden kurtulun." Bu erdem, her geçen gün hayatınızı biraz daha iyileştirmeye yönelik *kaizen* adlı Japon yöntemine benzer.

Samimiyet

"İnsanlara zarar vermekten kaçının, her zaman doğru ve adil şekilde konuşun ve bunu da dürüstlükle yapın." Gandi'nin dile getirdiği gibi, "Düşündükleriniz, söyledikleriniz ve yaptıklarınız ahenk içinde olduğu sürece mutlu olursunuz."

Adalet

"İnsanlara, onları incitecek ya da onlara karşı görevlerinizi unutacak kadar kötülük etmeyin." Adil davranmak size zihinsel bir huzur sağlar; enerjinizi ve başarınızı korur.

Ilımlılık

"Hak edilmiş olduğunu düşünseniz bile, güceniklikten doğan aşırı tepkilerden ve hakaretlerden kaçının." Olumsuz ve kötü sözler sarf etmek, her iki taraf için de tehlikelidir.

Temizlik

"Beden, kıyafet ve ev temizliğine her daim önem verin." Keisuke Matsumoto, *Zen Evi: Budist Bir Keşişten Ev Temizliği Dersleri* adlı kitabında, evin dışının da aslında içi gibi olduğunu ve ruhundaki bulutları dağıttığını söyler.

Dinginlik

"Hayatın karşınıza çıkardığı sıradan ve kaçınılmaz kazalara ya da ufak tefek şeylere takılıp kalmayın." Büyük zen ustası Taisen Deshimaru, insanoğlunun harici unsurlardan bağımsız olarak doğuştan "sessiz, barışçıl ve sakin" olduğunu söylemiştir.

İffet

"Kendinizi cinselliğin hazzına nadiren bırakın; cinselliğe yalnızca sağlık ve üreme için başvurun; asla yorulmayın, zayıf düşmeyin ve ne başkalarının ne de kendinizin itibarına leke sürdürün." Bu, belki de yaşadığımız çağla bağları koparmış tek erdem olabilir. Şunu unutmamalıyız ki, ölçüsüz bir cinsel hayat bütün huzurumuzu kaçırabilir ve bu da çiftler arasında sadakatsizliğe yol açabilir.

Tevazu

"İsa'yı ve Sokrates'i örnek alın." Bundan öte bir şey söylemeye gerek yok.

Franklin günlüğü

Yalnızca birkaç dakika boyunca kendimizi Benjamin Franklin'in yerine koymaya çalışarak, bu 20 yaşındaki genç adamın ahlaki mükemmellik arayışında bu kadar disiplinli kalabilmeyi başarmasının altında ne yattığını sorabiliriz. Franklin, bir sonraki sayfadaki gibi bir tabloyu kullanıyordu. Haftanın günlerini yazmış ve hemen ardından 13 erdemi eklemişti. Her hafta içlerinden birine yoğunlaşıyor, onu listenin başına alıyor ve bütün bir hafta boyunca yeteri kadar üzerine düşüp düşmediğini not ediyordu. 13'üncü haftanın sonunda, yani yaklaşık üç ay sonra, seriyi sona erdiriyor ve sıfırdan tekrar başlıyordu. Bugün farklı tarzlarda olan *bullet journal* günlükleri büyük oranda Benjamin Franklin'in bu yönteminden ilham almıştır.

Hedefine ulaşıp ulaşamadığını öğrenmek için kendini her günün sonunda sınıyordu. Böylece bu mükemmellik arayışında ne kadar ciddi olduğunu değerlendiriyordu. Hayatının sonuna gelirken, ahlaki mükemmelliğe ulaşamadığını düşünse de, temelinde disiplin ve bilgelik olan bu ritüelin kendisini daha iyi bir adama dönüştürdüğünü hissediyordu, öyle ki yaşadığı bütün mutluluklar için de günlüğüne minnettardı.

	Pazar	Ptesi	Salı	Çarş	Perş	Cuma	Ctesi
Ölçülülük	X	X		X		X	
Sessizlik	X	X	X		X	X	
Düzen	X	X	X				
Azim							
Tutumluluk							
Çalışkanlık							
Samimiyet							
Adalet							
Ilımlılık							
Temizlik							
Dinginlik							
İffet							
Tevazu							

"Mutluluk, bir insanın nadiren karşılaştığı iyi bir talihin büyük parçalarına değil, her gün alınan hazların o küçük avantajlarına bağlıdır."

Benjamin Franklin

Kendi Franklin günlüğünüzü hazırlayın

Bu kişisel gelişim yöntemini kendi günlük yaşamınıza uygulamak için her yere taşıyabileceğiniz küçük bir defter alabilir ya da akıllı telefonunuzun notlar uygulamasını kullanabilirsiniz.

Benjamin Franklin yöntemini kendi beklentilerinize aşağıdaki maddeleri takip ederek uydurabilirsiniz.

1. Biraz önce gördüğünüz gibi bir tablo yapın ve bu tabloya geliştirmek istediğiniz değerleri ve haftanın yedi gününü yazın.
2. Her hafta, yoğunlaşmak istediğiniz bir erdem seçin ve güne belirlediğiniz bir amaçla başlayın (örneğin, minnettarlık erdemini geliştirmek adına, bugün eski bir öğretmenime yazarak okul hayatım boyunca bana sunduğu yardımlar için teşekkür edeceğim.)
3. Eğer zaman ayıramadığınız bir gün olursa, kutuya çarpı işareti koymayın. Böylece haftanın sonunda, bu işe olan bağlılığınızı değerlendirebilirsiniz.
4. Haftanın sonunda, tablonuzu inceleyin ve en çok gelişme gösterdiğiniz erdemleri belirleyin. Eğer bir erdem yedi gün boyunca çalışılmışsa, yaşamınıza çoktan uyum sağlamış demektir. Yedi günü tamamlayamayan erdemleri tablonuza bir kez daha ekleyin ve ileriki haftalarda çalışmaya devam edin.

10. Aşama: Gaşuku

Şinkansen seansları

Japonlara göre bilgili bir grup insan tek bir kişiden her zaman daha etkilidir. Kültürlerinde, birbirini tamamlayan kişilerin birlik olması gerçek dengeyi oluşturur ve tek başına çalışan bireylerden çok daha etkilidir. Herkesin kendine göre bir planı olsa da, bireysel kavrayışlar başka yeteneklerle kaynaştığında çok daha iyi bir duruma gelebilirler. Her birey, hayalini gerçekleştirdiği sırada ona destek olacak bir grup dinamiğinden güç alır. Başka insanlarla kaynaşmak çok güçlü bir enerjinin ortaya çıkmasını sağlar. Şimdi sizlere, bu olguyu harika bir biçimde gözler önüne seren şaşırtıcı bir hikâye anlatacağız.

Ürkütücü bir emeklilik

İki asır önce Lord Byron, Cenevre yakınlarındaki Leman Gölü'nün kıyısında Villa Diodati adında bir ev kiralayarak bir grup İngiliz yazarla bir araya gelir. Şair Percy B. Shelley ve karısı Mary de davet edilir. Byron'un doktoru J. W. Polidori de oradadır. O yıl, Endonezya'daki volkanik Tambora Dağı'nın patlamasıyla Kuzey Yarımküre'ye yayılan duman tüm bir yaz mevsimi boyunca insanlara kışı yaşatmış ve bu durum da tarihe "Yaz Yaşanmayan Yıl" olarak geçmiştir. Böyle karanlık bir ortamda, Lord Byron arkadaşlarına ve doktoruna bir oyun teklifinde bulunur: Kimse, korkunç bir hikâye yazana kadar odasından çıkmayacaktır. Polidori, bu türe mal edilecek ilk eser olup *Vampir* adını alan bir öykü yazar. Gelgelelim, bu oyunun galibi Polidori değil, *Frankenstein*'a hayat veren Shelley'nin karısı Mary Wollstonecraft olur. Aynen öyle! Bu öyküyü yazarken, kocası ve Polidori'nin cesetlere elektrik vererek onları yeniden hayata döndürme olasılığı hakkında yaptıkları sohbetten esinlenmiştir. Harikulade hayal gücüne sahip tüm bu insanlar bir araya gelmiş olmasaydı, türünün başyapıtı olan bu eser, büyük ihtimalle yazılmamış olurdu.

Yoğun bir yaratıcılık

Japoncada *gaşuku* kelimesi, meslektaşların, yoldaşların veya basitçe aynı hobiyi (örneğin, dövüş sporları gibi) paylaşan insanların benzer bir amaçla bir projeyi geliştirmek ya da değiştirmek için takımın fikirleri doğrultusunda işi tamamlaması ve her zamanki konseptten farklı yerlerde buluşması anlamına gelir. Buna İngilizcede *offsite meeting* ya da mühendislerin jargonuyla *hackathon* diyoruz.

Gaşuku

Departmanımızın sekreteri "İki hafta içinde gaşuku randevunuz var," dedi bana. Bunun ne demek olduğunu açıklamaya çalıştı, ama anladığım tek şey hafta sonunu Izu Yarımadası'nda hep birlikte geçireceğimizdi. Meslektaşlarım ve ben, son derece hevesli bir şekilde geleneksel bir otele (ryokan yani bir Japon hanına) giriş yaptık. Cuma akşamı yemekten sonra, bambuların arasında termal sularla güzel bir banyo yaptım. Manzara harikaydı: ay ışığında parlayan Fuji Dağı. Ağzım kulaklarımda şöyle düşündüm: "Bir de üzerine para alıyorum!" Cumartesi günü, saat sabahın beşinde uyandık. Otelde kahvaltımızı ederken, şirketin müdürü bizi o gün nelerin beklediğini anlattı. Hafta sonunun geri kalanı tam anlamıyla bir maratondu. Üstelik, termal sularla yaptığım Fuji Dağı manzaralı banyoma geri dönecek zamanım da vardı.

Pazartesi günü, seyahatten sonra rahatlayacağıma iyice yorulmuştum, ama buna değmişti. İki gün süren gaşuku maratonu boyunca, ofiste birkaç haftada ancak çözeceğimiz birçok sorunun üstesinden geldik ve epey fikir ürettik.

Héctor

Romancının Oteli

Konsantre olup da kitaplarımı bir türlü bitiremediğim bir dönem yaşamıştım. Teslim tarihi yaklaşırken, kendime yeni bir ritüel koymaya karar verdim: Birkaç gün, belki bir hafta boyunca yaşadığım şehirdeki bir otel odasına kapanacaktım. Wabi-Sabi'yi bitirdiğim yer evime öyle yakındı ki otel odasının penceresinden baktığımda yaşadığım binayı görebiliyordum. Laptopumun klavyesiyle bir şeyler karalarken kendi evimi görmek bir hayli tuhaftı. Hem bildiğim hem de bir o kadar yabancı olan bir yerde bulunmak, ihtiyacım olan motivasyonu sağlarken, bir yandan da hayal gücümü körüklüyordu. Sonradan, daha ıssız yerlere de kapandım. Ayrıca, gerilim türündeki *El cuarto reino* adlı kitabımı yazmayı bitirdiğim Montserrat dağında bulunan bir manastırı da denediğim oldu.

Francesc

Bazen tutkularımıza daha çok vakit ayırmak ve ikigaimizi geliştirmek isteriz, fakat günlük hayatımızın büyük bir bölümünü kapsayan görev ve rutinler bizi bir hayli meşgul eder. Bizim suçumuz değil: Parçaları birbirine mükemmel derecede uyumlu bir yapboz kadar düzenli olan günlük rutinimizi kökten değiştirebilmek son derece zorlu bir iştir. Kendimize, bütün düzeni yerle bir etmeyecek ılımlı hedefler belirleriz; örneğin, her perşembe bir saat sürecek bir resim kursuna gideriz ve üç ayın sonunda bu işe 12 saatimizi ayırmış oluruz. Şimdi, tıpkı sizin gibi tutkusu resim yapmak olan üç ya da dört arkadaşınızla hafta sonu dağlarla çevrili bir otele giderek, 12 saatinizi yapacağınız manzara resimlerine ayırdığınızı hayal edebiliyor musunuz? Hiç şüphesiz ki tek bir hafta sonunda elde edecekleriniz, koca bir sömestr sonunda aldığınız sonuçlarla aynı olacaktır.

Konfor alanımızdan çıkmak ve günlük endişelerimizden sıyrılmak içimizdeki enerjiye yoğunlaşmamız, kendimizi daha çok adamamız ve daha hızlı öğrenmemiz konusunda yardımcı olur. Bazen her şeyi bırakıp birkaç günümüzü veya birkaç saatimizi tutkularımızı beslemek için ayırmaya değer.

Şinkansen seansları nasıl düzenlenir?

Japonya'da *gaşuku* adı altında gördüklerimizi "şinkansen seansları" olarak adlandıracağız.

Şinkansen seansı: kişinin kendini yalnızca iyi tanımlanmış ve tutkulu bir hedefe adadığı ve dikkat dağıtan her şeyden arındığı, birkaç saatten birkaç güne kadar çeşitlilik gösterebilen kesintisiz süre. Bu seansın, her gün dikkatimizi dağıtan şeylerden uzakta gerçekleştirilmesi en idealidir. Amaç, tıpkı ilk bölümde gördüğümüz gibi, kökten bir sıçrama yaşamak.

İşte size, bir şinkansen seansı düzenlemek için gerekenler...

- Bir başlangıç ve bitiş tarihi belirleyin ve buna mutlaka uyun.
- Başlamadan önce hedefinizi iyi belirleyin. Seansın başladığı ilk dakikadan itibaren konunun kalbine erişebilmelisiniz.
- Seansın başladığı andan bittiği ana kadar telefon ve diğer iletişim araçlarını kullanmak yasak.
- Eğer çok sayıda kişi katılmışsa, bazı planları önceden yapmak en iyisi olacaktır; örneğin, katılımcılar arasında iyi bir atmosfer yaratmak ve kişilerin birbirlerini daha iyi tanımasını sağlamak amacıyla bir akşam yemeği düzenlemek gibi.
- Eğer şinkansen seansını tek başınıza yapacaksanız, dikkatinizi dağıtacak her şeyden uzaklaşabileceğiniz yeni bir yer arayışına girin. Bu, kırsalda kiralayacağınız bir ev ya da yaşadığınız şehirdeki bir otel olabilir.
- Sizinle aynı tutkuları paylaşan kişilerle uzaktan bir şinkansen seansı ayarlamak da mümkündür. Bunun için, Skype ya da Hangouts gibi görüntülü konuşabileceğiniz uygulamaları kullanabilirsiniz. Her bir katılımcının kendini büsbütün adaması ve internette öylesine vakit öldürmemesi son derece önemlidir.

11. Aşama: Macera

Konfor alanınızdan çıkın

Trene binip hiç bilmediğimiz bir yere gitmek ve aşina olduğumuz çevreden uzaklaşmak endişeye sebep olabilir. Bununla birlikte pencereden gördüğümüz manzaranın bizi alıp götürmesine izin verirsek eğer, gezginin huzurunu keşfetmiş oluruz. Çıktığımız her yeni serüvende, bu yolculuk ister profesyonel olsun, ister sanat için olsun, ister duygularımız için olsun, bu düşünce yapısı bize eşlik etmeli. Konfor alanımızdan çıkmaya zorlanacağımızın ve kendimizi güvende hissetmeyeceğimizin farkında olmalıyız, ama her şeyden de önemlisi, bizi bekleyen yeni ufukların cesaretimize cesaret katacağını hiçbir zaman unutmamalıyız.

Haşlandığının farkında olmayan kurbağa

Konfor alanımız, kendimizi keyifli ve rahat hissettiğimiz bir yer ya da durumdur; yeni çözümler üretmeye gerek duymadan veya değişim kaynaklı bir endişeyle karşılaşmadan alışılmış tepkiler verebildiğimiz aşina bir çevredir.

"Konfor alanı, kişinin endişe duymadan gerçekleştirdiği bir davranış durumudur: Genel olarak risk almaz ve değişmez bir performans seviyesi elde etmek amacıyla kısıtlı bir davranış paleti kullanır."

Alasdair White

Yalnızca ehlileştiğimiz bir dünyada yaşamak ve bizi memnun eden alışkanlıklardan vazgeçememek ilerleyişimizi sekteye uğratır. Birçoklarımız bunun bedelini çok farklı şekillerde öder: eylemsizlik, yorgunluk, hatta depresyon. İyi haber, konfor alanımıza meydan okumak, insanların doğuştan sahip olduğu içgüdüsel ve doğal bir reflekstir. Büyümemize, öğrenmemize ve olgunlaşmamıza olanak tanır. Çocukken cesurca bilinmeyene atılırız ve bu macerayı birer yetişkin olana ve dayanıksız olduğumuzu keşfettiğimiz ana kadar sürdürürüz. Bu sayede kaybedecek şeylerimiz olduğunun ve canımızın yanabileceğinin bilincine varırız. Tıpkı Olivier Clerc'in hikâyesinde tanık olduğumuz, bir tencereye konan ve suyun gittikçe ısındığının farkında dahi olmaksızın haşlanan kurbağaya benzeriz; konfor alanımızı bir kez olsun terk etmezsek, kendimizi yakına riskiyle karşı karşıya kalırız.

Elde edilecek kazançlar

İnsanoğlu konfor alanından hiç çıkmasaydı, toplum olarak hiçbir ilerleme kaydedemezdik. Aynı şekilde bireysel düzeyde de, gerçekten istediğimiz şeylere sahip olmak, bilinmeyene dalmayı gerektirir. Kişisel gelişim gurusu Dale Carnegie'in dile getirdiği gibi: "Eylemlerimizden ders çıkarırız. Bebekler yürümeyi başkalarını izleyerek değil, ayağa kalkmayı deneyerek öğrenir. İleri doğru birkaç adım atmayı öğrenmeden önce, mükemmel dengeyi yakalayana kadar birçok kez yere düşerler. Konfor alanımızı rahatsızlık duyduğumuz yeni şeyleri deneyerek genişletiriz. Böylece yeni zorluklara yiğitçe ve korkusuzca (daha ziyade, kontrollü bir korkuyla) göğüs gereriz. Altından kalkabileceğinizi hiç düşünmediğiniz bir başarıya imza attığınızda direnciniz, ümitleriniz, haysiyetiniz ve cesaretinizin güçlendiğini hissedersiniz. Dahası, çok daha zor tercihler yapmak zorunda kaldığınız bir gün gelir. Eğer iyi bir tercih yaparsanız, zamanı geldiğinde en çok değer verdiğiniz insanların gözünde adeta bir cesaret abidesine dönüşürsünüz. Cesaretinizin korkunuza üstün geldiğini görenler bu gücün farkına varacak ve içlerinde tek bir korku hissedecekler: bu cesarete sahip olamama korkusu."

Bazen, bize ne kazandıracağını bilmediğimiz şeylerden kaçtığımızın farkına varıyoruz ve bu fikir bizi frenliyor. Açıkça yaşamaya devam etmekten başka bir şey arzuluyorsak, tüm bu hususları geride bırakmak daha yerinde olacaktır. Konfor alanımızı çok iyi tanıyoruz, bu alan mümkün olan her şeyi çoktan sundu bize. Peki, oradan biraz uzaklaşmaya ne dersiniz?

Haşlanan Kurbağa

"Soğuk su dolu bir tencere hayal edin; içinde de bir kurbağa huzurlu bir şekilde yüzüyor olsun. Tencerenin altı yakılıyor ve su yavaş yavaş ısınıyor. İyice ılıdı bile. Kurbağa bu durumu hoş karşılıyor ve yüzmeye devam ediyor. Isı artmaya başlıyor. Su artık sıcak. Bu, kurbağanın rahatını biraz kaçırıyor; hafiften yoruluyor ama henüz panik olmuş değil. Su artık gerçekten de çok sıcak. Kurbağa bu durumu hiç de hoş karşılamamaya başlıyor, ama bir yandan da gücü tükeniyor, dolayısıyla dayanıyor ve hiçbir şey yapmıyor. En sonunda suyun sıcaklığı öyle bir noktaya geliyor ki kurbağa resmen haşlanıyor ve ölüyor, bu arada tencereden çıkıp kurtulmak bir kez olsun aklına gelmiyor. Gelgelelim bu kurbağayı, içindeki suyun 50 derece olduğu bir tencereye atsaydık, kendini kurtarmak için derhal dışarı sıçrardı."

Olivier Clerc, *Yoksa yarı yarıya piştik mi?**

* (Fra.): La grenouille qui ne savait pas qu'elle était cuite... et autres leçons de vie. (ç.n.)

Konfor alanınızın dışına ufak bir gezinti

Hayatınızı adadığınız uğraşlar büyük bir maceraya atılmanızı engelliyorsa, her gün konfor alanınızın dışına çıkarak ufak bir kaçamak yapabilirsiniz; tıpkı çok daha yüksek yerleri denemeden önce evinin yakınlarındaki dağlara tırmanan bir dağcı gibi. İşte size, uyuşukluğunuzu üzerinizden atmak ve gündelik yaşamınıza bir parça olsun farklılık katmak için birkaç fikir...

1. **İşe veya okula gitmek için geçtiğiniz yolu değiştirin** veya ulaşım aracınızı değiştirin. Eğer toplu taşıma araçlarını kullanıyorsanız, bir gün bisikletle gitmeyi ya da gideceğiniz yer çok uzak değilse yürümeyi deneyin ve yolun size sunacağı ilgi çekici şeylerin tadını çıkarın.
2. **Hiç tanımadığınız bir yazarın kitabını okuyun.** Bir kütüphaneye girin ve rasgele gördüğünüz bir kitap kapağının veya başlığının sizi cezbetmesine izin verin. Sizde uyandırdığı duyguların içine gömülmek için ilk paragrafı okuyun. Belki de yılın keşfini yaparsınız...
3. **Hiç gitmediğiniz bir muhitte gezin.** Yaşadığınız şehirde turist olun. Bir tatil gününde, metroya ya da otobüse atlayın ve hiç bilmediğiniz bir yöne doğru ilerleyin. Bölgeye göz gezdirin, binaları ve insanları inceleyin, muhitteki ambiyansın iyice içinize işleyeceği bir kafede oturun.

4. **Yeni bir şey öğrenin.** Boş zamanınızı yeni bir aktiviteye ayırın: Tai-Chi, Japon mutfağı, kaligrafi, resim, fotoğrafçılık gibi. Yeni bir çevreye dahil olmak, yeni insanlarla tanışmak demektir.
5. **Arkadaşlıklarınızı yenileyin.** Dördüncü maddenin bir devamı olarak, hayatınıza yeni arkadaşlıklar katın. Bu kişiler sizi yeni yerlere götürür ve yeni sohbet konuları açar. Yeni dostlar edinmek için, işyerindeki meslektaşlarınızı daha yakından tanıyabilir, yalnızca profesyonel bir ilişki içinde olduğunuz bu insanlarla tanışıklığınızı bir adım ileri taşıyabilirsiniz.

12. Aşama: Zamanlama

Her şeyi zamanında yapın

Hayatınızda çoğu zaman trenin kaçtığı düşüncesine mi kapılıyorsunuz? Ya da bütün düzeninizin bozulacağı? İçinizde tüm bu uğraşların ve mecburiyetlerin yükü altında, varoluşunuzun rayından çıkacağı hissini mi taşıyorsunuz? Eğer bu soruların en az birine evet cevabını verdiyseniz, muhtemelen zamanınızı pek iyi yönetemiyorsunuz ve tabii paranızı da, çünkü zaman ve para birbiriyle yakından ilişkilidir. Bir örnek verelim: önceden plan yaparak, alışverişinizi size çok daha uygun fiyatlar sunan bir süpermarketten yapabilirsiniz. Ama planlamayı önceden yapmaz ve alışverişi son dakikaya bırakırsanız, çok daha pahalı olan yerel dükkânlara gitmek zorunda kalırsınız. Zamanınızı daha iyi yönetirseniz paranız da cebinizde kalır.

Acelenin ve önemin yasası

İyi organize olmak bir sanattır. Bazen bir de bakmışsınız haftanın sonu gelmiş, ama haftalık görevlerinizin ancak yarısını kotarabilmişsiniz. Çoğu zaman zihnimizde, nereden başlayacağımızı bir türlü bilemediğimiz çok fazla şey dolanır ve daha içlerinden bir tanesine bile kalkışamadan felce uğramış gibi oluruz. Bazen de bir şeyi, o kadar da önemli olmamasına rağmen acilen yapmamız gerekiyormuş gibi hissederiz. Ajandamızı daha iyi organize edebilmek için, tamamlandığı andan itibaren hafta sonunu suçluluk duymadan keyifle geçirmemizi ve sabah stresli bir biçimde uyanmaksızın huzurla uyumamızı sağlayacak öncelikli görevleri iyice belirlememiz gerekir. Buradan çıkarılacak ana fikir, gecikmeye neden olacak işleri yığmadan sinemaya gitmek, kitap okumak veya arkadaşlarla buluşmak gibi aktivitelere zaman ayırarak biraz ara verebilmektir.

Randy Pausch* "Son Konuşma" adlı seminerinde, başarılarında başlıca rol oynayan şeyin Covey matrisi** olduğunu kabul etti.

Siz de bir sonraki sayfadaki matrise başvurarak önceliklerinizi acele ve önem sırasına göre sıralayabilirsiniz. Eğer halihazırda bir yapılacaklar listeniz varsa, bu listeyi aşağıdaki gibi tekrar düzenleyebilirsiniz:

- **Acil ve önemli** görevlere mutlak bir öncelik tanıyarak mümkün olan en kısa zamanda başlayın;
- Daha sonra **önemli ama acil olmayan** görevlerle meşgul olun;
- Son olarak **acil ama önemsiz** görevlere koyulun;
- Listenizdeki **önemsiz ve acil olmayan** tüm görevleri silin.

---

* ABD'li bilgisayar bilimleri profesörü, 2008'de pankreas kanseri yüzünden hayatını kaybetmiştir.

** Eisenhower matrisi de denen bu zaman yönetimi matrisi Bill Clinton'ın eski danışmanı olan işadamı Stephen Covey tarafından *Etkili İnsanların Yedi Alışkanlığı* adlı kitabında işlenmiştir.

	Acil	Acil Değil
Önemli	Zamanın harcandığı yer: kriz yönetimi, derhal bir çözüm gerektiren sorunlar, söndürülecek ateşler, teslim tarihleri. Sonuç: stres, yorgunluk, temiz bir vicdan. 1. Dördün	2. Dördün Zamanın harcandığı yer: tertip, önlem, yeni fırsat yaratma veya arayışı, bağların güçlendirilmesi, planlama. Sonuç: gelişim, sağlam projeler, aşkınlık.
Önemsiz	Zamanın harcandığı yer: bölünmeler, aramalar, e-postalar, mesajlar, sosyal etkinlikler. Sonuç: yorgunluk, dağılma, düşük konsantrasyon. 3. Dördün	4. Dördün Zamanın harcandığı yer: görevlerin ertelenmesi, nafile hazırlıklar, sosyal ağlar, eğlence, keyifli aktiviteler. Sonuç: uyuşukluk, rahatlama.

Kamprad Yöntemi

Ikea'nın kurucusu Ingvar Kamprad'ın çok radikal bir yöntemi vardı: "Yaşamınızı on dakikalık savaşlara bölün ve önemsiz aktivitelere olabildiğince az vakit ayırın."

Zaman kaybının klasikleşmiş nedenleri

Bazen zaman, biz daha nasıl olduğunu anlamadan parmaklarımızın arasından kayan kum tanecikleri gibi uçar gider. Modern toplumumuzda zaman kaybının başlıca sebepleri nelerdir ve önlemek için nasıl çözümler gerekir?

- **Sosyal medyada oyalanmak**

Bu sorunun çözümü basittir ve öyle büyük uygulamalara gerek yoktur: Hepsiyle bağınızı kesin, en azından dikkat gerektiren bir işle uğraşırken.

- **Arkadaşlarla veya müşterilerle yemeğe çıkmak**

Mesleğinizde etkin bir konumdaysanız her gün farklı restoranlarda yemeğe gidiyor olabilirsiniz. Para harcamanın da yanı sıra, bu durum her seferinde iki saatinize mal olur. Ayrıca yemeğin yanında şarap da içiyorsanız, randımanınızda hızlı bir düşüş olacağını da fark edeceksinizdir. Çözüm: Haftada en fazla bir ya da iki kez yemeğe çıkın. Çok fazla insanla görüşmek zorundaysanız, yakınlıklarına göre onları dört ya da beş kişilik gruplar halinde toplayabilirsiniz. Bu yolla, hem işinize ayıracağınız vakti kazanmış, hem de insanların bağlantı kurmasını, hatta yeni arkadaşlıklar edinmelerini sağlamış olursunuz. Zaman kazanmak için, yemek randevusu yerine bir kafeye gitmeyi de (en fazla 40 dakika) teklif edebilirsiniz.

- **Kişisel hususların yönetimi**

Bu, iş saatlerinde yapılmaması gereken bir şeydir. Zamanınızı iş dışında kalan uğraşlarınıza ayırırsanız, bitiremediğiniz işinizi geceleri veya hafta sonları başkaları dinlenirken telafi etmek durumunda kalırsınız.

- **Uykudan çalmak**

Bu, iş yetiştirmek için hiç de iyi bir fikir değildir. Teslim tarihinden bir gün önce, sabah veya akşam boyu çalışmak kabul edilebilir, ama bu bir alışkanlığa dönüşmemelidir. Sağlığınız için büyük bir risk oluşturur ve sizi hızla yaşlandırır, bu yüzden de aslında zaman kazanmış sayılmazsınız. Yalnızca 4 veya 5 saat uyursanız, zihniniz yavaş işler ve 7 saat bir dinlenmenin ardından sahip olacağınız miktarla kıyaslandığında üretkenliğiniz epey düşer. Her koşulda, size hiçbir yararı olmaz.

Pomodoro tekniği

Pomodoro tekniği kişinin üretkenliğini arttırması ve işlerini zamanında bitirmesi için son derece etkili bir yöntemdir. İsmini (İtalyanca, "domates" anlamına gelir) çoğunlukla domates şeklinde olan ve yemek yaparken kullanılan süre ölçerlerden alır.

1. İşe ayırdığınız zamanı kesintisiz 25 dakikalık bölümlere ayırın (dikkatinizi bozacak hiçbir şey olmamalı).
2. Her 25 dakikanın sonunda 5 dakikalık molalar verin.
3. Dört "pomodoro" bölümünü tamamladıktan sonra 15 dakika sürecek daha uzun bir mola verin.

Bu yöntem epey iyi işler, çünkü koyulan 25 dakikalık sınır odaklandığınız görevi tamamlamak için büsbütün konsantre olmanızı sağlar. Bitirilmeyi bekleyen birçok hususla başa çıkmanın vermiş olduğu tatmin eşliğinde, stresinizi azaltacak bir molayı da garantilemiş olursunuz. Ofiste ya da evde, bu teknik tüm görevlerinizi hiç yorulmadan başarıyla tamamlamanızı sağlayacak.

13. Aşama: Pareto

80/20 kuralını benimseyin

Etkilerin yaklaşık yüzde 80'inin, etkenlerin yüzde 20'sinden kaynaklandığı kuralı, 20. yüzyılın başlarında İtalyan ekonomist Vilfredo Pareto tarafından kuramlaştırılmış ve adına da Pareto ilkesi denmiştir. Kökeni, İtalya'daki servetin dağılımına dair yapılan bir araştırmaya dayanır. Bu makro-ekonomi yorumuyla Pareto, ülke servetinin yüzde 80'ini İtalyan nüfusunun yüzde 20'sinin oluşturduğunu dile getirir. Pareto ilkesi gerçek bir bilimsel gösterge değildir, ama karar alma konusunda son derece etkili bir araçtır. Ticaret ve mühendislik konularında dünya çapında kullanılır. Bir örnek verelim: Bir şehirdeki karayolu trafiğinin yüzde 80'i, yoğunluklu olarak bu kısmın yüzde 20'lik diliminde görülür; eğer trafik sorununu çözmek istiyorsak, yapılacak en iyi şey trafiğin en çok sıkıştığı yüzde 20'lik kısmı iyileştirmeye çalışmak olacaktır. Bir örnek daha: Bilgisayar bilimi söz konusu olduğunda, virüslerin yüzde 80'i, yüzde 20'lik bir kaynak koddan türer. İnternet trafiğinin yüzde 80'i esrarengiz bir biçimde server'ların yüzde 20'lik kısmında toplanır.

Less is More*

Birkaç sene önce, bir restoran girişimcisi olan Tanaka, kârını arttırma konusunda bana danıştı. Satışların artması için mönünün yüzde 80'ini çıkarmasını önerdiğimde, delirdiğimi düşündü. Mönüden hiçbir şey çıkarmak istemiyordu; aksine, sunulanı geliştirmek için birkaç tarif daha eklemenin yollarını arıyordu. Bu yolu en azından denemesini salık verince, restoranlarından birinde minimalist bir mönü benimsemeye ikna oldu. Bir hafta sonra heyecanla beni aradı ve o ünlü restoranının cirosunun yüzde 35 oranında arttığını söyledi. Tanaka, mönünün minimalist versiyonunu bütün restoranlarında uygulamaya karar verdi. Ruh hali aniden değişmişti, artık tek bir tarif bile eklemek istemiyor, aksine mümkün olduğunca elemeye çalışıyordu. Son görüşmemizde, restoranlarında daha neleri çıkarabileceğini sordu. Tanaka'nın durumu, Pareto ilkesinin nasıl uygulandığına dair capcanlı bir örnektir.

Héctor

* (İng.) Azı karar. (ç.n.)

Pareto ilkesini uygulamak için işe, sürdürdüğümüz ticaretin güncel durumunu, kuruluşumuzun sistemini veya yaşam şeklimize yönelik verileri analiz ederek başlamalıyız. Aza ulaşmamızı sağlayacak şeyi belirlediğimiz anda, onu ortadan kaldırabilir ya da iyileştirebiliriz. Bu sapak son derece zorludur, çünkü bir şeyin yüzde 80'ini ortadan kaldırdıktan sonra o şeyin çok daha iyi bir şeye dönüşeceğini kavramak o kadar da kolay bir iş değildir. Etkilerin yaklaşık yüzde 80'inin, etkenlerin yüzde 20'sinden kaynaklandığını unutmayın. İçimizdeki ikigai ve hayattaki tutkumuz, her gün yaptığımız önemsiz şeylerin yüzde 80'lik kısmında değil, bize gerçek anlamda fayda sağlayan zaruri şeylerin yüzde 20'lik kısmında bulunur. Kendimizi, zaman çalıcı ve enerji tüketici yüzde 80'lik olasılıklar tarlasında kaybetmemeliyiz. Çabalarımızı, bize mutluluk getiren ve içimizde tutku uyandıran o zaruri şeye adamayı öğrenmeliyiz.

Günlük hayatta Pareto ilkesi

Bu ilke diğer faaliyet alanlarına mükemmel bir şekilde aktarılabilir. Üstelik günümüzde birçok uzman bu ilkeyi onaylıyor ve çeşitli tahminlerde bulunuyor:

- Dünya nüfusunun yüzde 20'si, kaynakların yüzde 80'ini tüketiyor;
- Başarıların yüzde 80'i, harcanan çabanın yüzde 20'si sayesinde açığa çıkıyor;
- Radyoda çalan şarkıların yüzde 80'i, mevcut müziğin yüzde 20'sini oluşturuyor;

- Duyguların yüzde 80'i, edinilen tecrübelerin yüzde 20'siyle açığa çıkıyor;
- Bir mağazaya giren müşterilerin yüzde 80'i, vitrinde sergilenen ürünlerin yalnızca yüzde 20'sine bakıyor.

Gelgelelim bu, bilim tarafından kanıtlanmış bir ilke değildir. Yine de, kazançların ve neticelerin büyük bir kısmına minimum çaba gösterilerek ulaşıldığını anlamamızı sağlar. Sorunlarımızın büyük çoğunluğunu çözen ve bizi memnuniyete erdiren işlerin bir listesini yaparak, hayatımızın sıradan ama etkili olmasını sağlayabiliriz.

Tim Ferriss: Başarının Matematiği

Girişimci Tim Ferris, *4 Saatlik Hafta* adlı kitabında bitmek bilmeyen ve güneşin doğuşundan batışına kadar devam eden iş günlerinin üstesinden nasıl geldiğini ve kitabının isminin de işaret ettiği üzere bunu yalnızca haftada dört saate indirgeyerek nasıl başardığını anlatıyor.

Başarısının sırrı Pareto ilkesinde yatıyor. Sorunlarının yüzde 80'ine, müşterilerinin ve kazancının yüzde 20'sinin sebep olduğunu ve gelirinin büyük çoğunluğunun da yine müşterilerinin ve kazancının oluşturduğu diğer yüzde 20'lik dilimden kaynaklandığını kavramış. İlk kısmı mümkün olduğunca eleyip, ikinci kısma yoğunlaşarak şirketinin verimini iki katına çıkarmayı ve yüzde 20'lik "premium" kategorisine ait daha fazla müşteri bulmak için zaman kazanmayı başarmış. Girişimci Alberto Cabezas'ın da dediği gibi, müşterilerini aza indirgemeye başlayanlar daha fazla para kazanır.

Daha da etkili olmak isteyen Tim Ferriss, Parkinson adlı bir İngiliz tarafından 1957'de kuramsallaştırılan Parkinson yasasını da hesaba kattı. Bu yasaya göre, bir iş yapmaya hazırlandığımız kadar vaktimizi alır. Bir başka deyişle, bir işe kendimizi ne kadar çok adarsak, o iş o kadar kötü sonuçlanır. Bu engelden kaçınmak için, kendimize bir süre belirlemek ve bu süreye uymak en iyisi olacaktır. Bir şeyi yapmak için ne kadar az zamanımız olursa, söz konusu işin en önemli noktasına daha çok yoğunlaşır ve kendimize koyduğumuz sürenin baskısı altında daha hızlı ilerleriz. İşi, bir mühlet belirlemediğimiz ve salıverdiğimiz zamana oranla daha iyi yapmayız, sadece aynı sonucu elde etmiş oluruz.

İşin matematiğinin nasıl uygulanacağına dair bir örnek daha: Tekliflerinizi açıkça belirleyin ve olasılıkları sınırlayın. "Bir müşteriye ne kadar fazla opsiyon tanırsanız, o kadar kararsızlığa düşer ve bir o kadar da az sipariş alırsınız," diyor Ferriss. Bir grafik tasarımcı editöre birbirinden farklı üç kapak tasarımı gösterirse, editörün üçünü de reddetmesi mümkündür, çünkü aslında tasarımcı farkında olmadan müşteriye, nasıl bir yol çizeceğinden emin olmadığının ve kendine güvenmediğinin mesajını vermektedir.

Bu konu üzerine Henry Ford daha en başında, yeni açtığı fabrikaların sıkıntılarını da hesaba katarak müşterilerini memnun etmenin ideal bir formülünü bulmuştu: "Seçtikleri rengin siyah olması koşuluyla, müşteriler arabalarında hangi rengi istiyorlarsa seçebilirler."

Less is more.

Birçok insanla karşılaştığımız ve sosyal ağlarda çevrimiçi olduğumuz günlük hayatımızda, içinde bulunduğumuz çevrenin bizim için en iyisi olup olmadığını sorgulamaktan geri durmak oldukça zordur. Bizi tatmin etmeyen insanlar ve aktiviteler yüzünden sıklıkla bunaldığımızı hissederiz. İşte bu tarz durumlarda, Pareto ilkesini hesaba katmak çok önemlidir.

- Çoğu zaman dolabımızdaki giysilerin yüzde 20'sini giyeriz: Neredeyse hiç giymediğimiz giysileri bağışlayabiliriz.
- Yüz yüze geldiğimiz sorunların sadece yüzde 20'si önemliyken, yüzde 80'i yersizdir: Önemsiz sorunları listemizden çıkarabiliriz.
- Çevremizdeki insanların yüzde 20'si, mutluluğumuzun yüzde 80'inden sorumludur: Bu azınlığa daha fazla zaman ayırarak kendimiz için zaman kazanabiliriz.
- Eylemlerimizin yalnızca yüzde 20'si bizi tatmin ve mutlu eder: Bunu ikigai düsturumuz olarak benimseyebilir ve bu eylemleri iş edinebiliriz.

Bu noktaları göz önünde bulundurursak, gerçekten önemi olan şeylere odaklanmamız daha kolay olur: yani, bizi mutlu eden kişilere zaman ayırmak, motivasyonumuzu kötü etkileyen kişilerden uzaklaşmak ve vaktimizi, gerçekten arzu duyduğumuz şeyleri yapmaya harcamak gibi.

Yüzde 20'lik dilimde olun

Hayatınızı istediğiniz gibi yaşamak ve hedeflerinize ulaşmak için üretken olmak ve zamanınızı iyi değerlendirmek son derece önemlidir. Bu basit egzersiz sayesinde, Pareto ilkesinden yaşamınız süresince yeteri kadar yararlanıp yararlanmadığınızı anlayabilirsiniz.

- Belirlediğiniz hedeflere ulaşmanızı sağlayacak gerekli işleri yerine getiriyor musunuz?
- Gereksiz işleri başınızdan savmayı becerebiliyor musunuz?
- Yükümlülüklerinize yeteri kadar enerji harcıyor musunuz?
- Vaktinizi, çevrenizdeki iyi insanlara göre mi değerlendiriyorsunuz?
- Olumlu ve yapıcı sohbetler ediyor musunuz?
- Sosyal aktivitelerinizden hoşnut musunuz?

Bu soruların iki ya da daha fazlasına hayır cevabı verdiyseniz bu, niteliğinizin yüzde 20'lik kısmına henüz ulaşamadığınızı, ayrıca önceliklerinizi yeniden belirlemeniz ve başarılarınız konusunda daha titiz olmanız gerektiğini gösterir.

İşte size, sadece gerekli olanın üzerine düşmek ve geri kalanları elemek için bir dizi öneri...

- Eğer evden çalışıyorsanız veya bir işletme sahibiyseniz, cironuzun yüzde 80'ini oluşturan müşterilerinizin yüzde 20'si kimler? Size daha fazla para kazandıran müşterileri belirleyin ve diğerleriyle çalışmayı bırakın ki enerjinizi, sizin için daha değerli olan yüzde 20'lik kısma verebilesiniz.

- Eğer maaşlı bir çalışansanız ve gününüzü pozisyonunuzun gerektirdiği işlere göre planlıyorsanız, işinizi zamanında bitirmeniz daha kolay olacaktır. Bunun yanı sıra, eğer vaktinizin yüzde 80'ini e-posta okumaya ayırırsanız, yapmanız gereken işleri geri kalan yüzde 20'lik zaman diliminde bitiremezsiniz ve bu yüzden mesaiye kalmanız gerekir.
- Sahip olduğunuz eşyalardan hangileri daha tatmin edici ve hangilerini her gün kullanıyorsunuz? Bunu belirleyin ve kalanları ayırın! Eğer bu sizi sıkıntıya sokacaksa, önce çekmecenizden başlayın. Çekmecenizdeki her şeyi çıkarın. Büyük ihtimalle beş eşyadan yalnızca birini kullanıyorsunuzdur. Kullanmadığınız yüzde 80'lik kısmı atın, bağışlayın veya satın.
- Düzenli olarak görüştüğünüz ve sizi en çok mutlu eden kişiler kimler? Bu insanlarla daha fazla zaman geçirin ve size hiçbir şey katmayan yüzde 80'lik kısımdan uzaklaşın.
- İlgi alanlarınızdan hangileri size daha çok neşe veriyor? Diğer aktiviteleri yapmayı bırakın ve en çok tutku duyduğunuz alanlara odaklanın.

14. Aşama: Kelimelerin Gücü

Tasarılarınıza çarpıcı isimler verin

Ruhların Kaçışı adlı animasyon filminde, hamam işleten Yubaba adındaki kötü kalpli cadı, sonsuza kadar onun için çalışmalarını istediği kişilerin adını çalar. Sözlük anlamı "bin kulaç" olan Chihiro ise on yaşında küçük bir kız çocuğudur ve adını unutması için Yubaba tarafından kendisine büyü yapılır. Büyü, ondan yalnızca adını almakla kalmaz, kızın gerçekleri unutmasına da sebep olur. Anıları kaybolur, kişiliği değişir ve kimliğini de yavaş yavaş kaybetmeye başlar. Ghibli film stüdyosundan çıkma bu hikâye kulağa biraz felsefi ve karmaşık gelebilir, ama bünyesinde belirgin bir mesaj taşır: Bizi insan kılan konuştuğumuz lisandır ve hayvanlardan da bu sayede ayrışırız. Köpekler birbirlerine isimleriyle seslenmez, hayvanlara isim verenler de insanlardır.

Eskimiş Tepkilerinizi Değiştirin

Gerçekliğinizi değiştirmek istiyorsanız, kendinizi ifade etme şeklinizi de değiştirmek zorundasınız. Yenilgiyi kabul eden, olumsuz ve sizi güçsüz kılan ifadeleri değiştirin; bunlar sizi mevcut andan soyutlayarak, dizginlenemez kararlara gebe kalmanıza neden olur. Konuşma şeklinizde birtakım düzenlemeler yaparak sadece düşünce şeklinizi değil, aynı zamanda eylemlerinizi ve bu eylemlerin sonuçlarını değiştirebilirsiniz.

İşte sizin için nöro-linguistik programlamaya (NLP) dair bazı örnekler:

Bunun yerine:	Şunu deyin:
İsterim ki... Umarım...	Yapacağım...
Eğer yapabilseydim...	Yapacağım...
Bilmiyorum...	Öğreneceğim...
Yapamam...	Yapmak üzereyim...
En çok mutlu olduğum zamanlar...	Mutluyum...

Kendinizle Sözleşme Yapın

"Katılımcılara hayat amaçlarını bulmaları ve bunları hakikate dönüştürmeleri konusunda yardım eden üç seanslı yöntemin (yani, ikigai programımızın) üçüncü seansını sözleşme yazımına ayırdım, bu sayede katılımcılar her gün, her hafta ve hatta uzun süreler boyunca yerine getirdikleri bazı görevler için taahhütte bulunabilecekler. Her biri sözleşme imzalayacak ve ben de onların sözleşmesine tanık olarak imza atacağım. Söz konusu sözleşmenin gücünü arttırmak için, kişi bunu 21 gün boyunca her sabah okuyacak. Zaten bu süre de kişinin, bir işi alışkanlık edinmesi için ihtiyacı olan süreye denk. Bu bağlılık, katılımcılara üç hafta boyunca yapılması öğütlenen eylemler hususunda gerçek bir değişim vadediyordu."

Francesc

Tecrübe konisi

Dil öğrenimi, insan evriminin esas aşaması olmuştur. Dil, bize düşündüğümüz şeyleri ifade etme olanağı tanır. Filozoflar, dil olmadan düşünebilmenin mümkün olup olmadığını sorgulamışlardır. Bu soruya hiç kimse kesin bir cevap verememişse de, dil ile hakikatin bir bütün olduğu kesindir. Bir şeye isim verildiği anda, o şey artık bir hakikat olur. Eğer bir ismi yoksa, soyut alanda var olur. Size bu kitapta sunduğumuz onca egzersizde, hedeflerinizi listeleyip yazıya dökmenizi tavsiye etmemizin sebebi işte budur. Tek bir sözcük, zihnimizde gezinen bin fikirden çok daha güçlüdür.

Beyin üzerine yapılan araştırmalara göre, bir işi etkin bir şekilde gerçekleştirdiğimizde, kendimizi bunu yapmak üzere eğittiğimizde, bu işi sonrasında çok daha kolay sürdürebiliyor ve somut eylemlere uygulayabiliyoruz. Yazarken beynimiz harekete geçtiği için mesajı hemen algılar. Bir sonraki sayfadaki grafikte de gösterildiği gibi, yazıya döktüğümüz şeylerin genel olarak yüzde 70'ini gerçekleştiriyoruz. Yazı, tasarılarımızı hakikate dönüştürmek için gerçekten de çok güçlü bir unsur.

Somutlaştıracağınız şeyleri isimlendirin

Eğer gerçekleştireceğiniz büyük bir projeniz varsa, buna isim verin. Somutlaşacağına memnun olacağınız ve sizi motive edecek çarpıcı bir isim seçin. Projeyi hayata geçirirken, geçirdiği evrime uygun olması için isterseniz ismini daha sonra değiştirebilirsiniz. Hiç tereddüt etmeden değiştirin. Önemli olan, sizi tanımlayacak bir isim koyabilmek ve kendinizle ilgili tarih yazarken fikirlerinizi bir düzene sokabilmektir. Yayıncılık sektöründe, sıklıkla *storytelling* kavramından bahsedilir; bir ürünün ya da işletmenin ardında yatan hikâyedir bu. Ve her hikâyenin ilk sayfasına mutlaka bir başlık atılır.

Bir örnek verelim. "Nepal Ruhu" dostlarla çıkılacak bir seyahat projesine verilmiş bir ad olabilir. Buradaki "ruh" sözcüğü ilham vericidir ve seyahate manevi bir yan anlam katar. Bu adlandırmayı seyahatimizin her aşamasında, hazırlanmaya başladığımız andan dönüş vaktine kadar her daim yaparsak, geçirdiğimiz o güzel anları basitçe şu ifadeyle hatırlayabiliriz: "Nepal Ruhu seyahatimiz sırasında, geceyi tapınağında geçirmemize izin veren keşişi hatırlıyor musun?"

Chihiro'ya adını bulması ve yaşaması için yardım eden Zeniba isimli karakter cesurca şöyle der: "Biriyle gerçek anlamda tanıştığında, o kişiyi asla unutmazsın. Aklının bir köşesine anısının kazınması çok zaman almaz." Anılarımız içimizde istiflenir. Artık çok uzak gelen hatıraları anımsamak ve fikirleri birbirleriyle bağdaştırmak için, bunları iyi kelimelerle birleştirmemiz gerekir. Bizi yeni dünyalara götürecek başlıca şeyler işte bu kelimelerdir. Bizi biraz daha yaratıcı kılmak adına, anılarımızı ve sinir yollarımızı etkinleştirecek büyülü bir güce sahiptirler. İşte bu yüzden, kelimelerin gücünü hafife almamak son derece önemlidir.

Büyülü kelimenizi bulun

Motivasyonunuzu kaybetmemeniz için kişisel tasarılarınızın mutlaka bir ismi olmalıdır. Spor salonuna gideceğinizi düşünerek uyanmakla, "Vitruvius beden"inizi çalıştıracağınızı dile getirmek aynı şey değildir. Mükemmel bir oran belirleyerek çizdiği şu adam için Leonardo da Vinci'ye hürmetler. Bir sonraki egzersizde, kelimelerin gücünden nasıl faydalanacağınızı anlatacağız. Tasarılarınızı pekiştirmek için büyülü bir kelime, bir anımsatıcı bulacaksınız. Bu en sevdiğiniz müzik grubu da olabilir, en sevdiğiniz şehir de, bir sanat eseri de, hatta bir takımyıldızı da. Ayrıca, hayatınızda uygulayacağınız her bir değişikliği de isimlendirebilirsiniz.

Örneğin:

- Sağlığın ve formun korunması: **Vitruvius Adamı projesi.**
- Aşk tazelemek: **Venedik ruhu** (Romantizm dolu ilk hafta sonunuzu Venedik'te geçireceğinizi hayal edin).
- Tutumlu olmak: **Buffett planı** (Warren Buffett'yi model alın; ya da alanına hakim, hayran olduğunuz başka birini kendinize model olarak seçin).
- Roman yazmak: **Hemingway seansları** (yazmaya her zaman, sanki bir yazarmışsınız gibi başlayın).

Bu güçlü ismi mümkün olduğunca çok kullanın, onu arkadaşlarınıza ve partnerinize anlatın. Projenize güç katmak için ajandanıza da not düşebilirsiniz: "Salı günü, Vitruvius Adamı projesi."

Geçmişe Yolculuk

Köklerinizi yeniden keşfetmek, geçmişten ders almak ve bunları geleceğe yönelik bir sıçrama tahtası olarak kullanmak için gerekli egzersizler.

京

都

KYOTO

Kyoto

Bir savaş kazanan herkes, tarihi kendi menfaatine uygun şekilde yazma gücüne sahiptir. Aynı şekilde, hayatını kontrol altına alabilen herkes, geçmişini de olumlu bir biçimde yorumlamayı seçebilir. Kökenlerimize geri dönerek özümüzü mevcut ana katabilir ve birden çok olasılığa sahip geleceği planlayabiliriz.

Eski başkent Kyoto, ülke tarihine tanıklık etmiş bir Japon kentidir. Adashi Kakuchi'nin 14. yüzyıl başlarında, ünlü destan *Heike Monogatari*'ye hayat verdiği yerdir Kyoto. Japonya'nın ilk tarihi roman olma özelliğine sahip bu savaş destanı, Japonya'yı ele geçirmek isteyen Taira ve Minamoto klanları arasındaki o muazzam mücadeleyi, bünyesine birtakım aşk hikâyeleri de katarak anlatır. Bu destan sıklıkla, Homeros'un *İlyada* destanıyla mukayese edilir.

Adashi Kakuchi 30 yaşında kör olur. Geçimini sağlamak üzere Kyoto'lu müzisyen bir gruba katılır. Bu grup kendine, kökeni Japonya'ya özgü ut benzeri telli bir çalgıya dayanan "biwa keşişleri" ismini takmıştır. Tıpkı Ortaçağ'daki Avrupalı ozanlar gibi, onlar da bir yandan müzik yapmakta, bir yandan da savaş ve kahramanlık hikâyeleri anlatmaktadır. Adashi Kakuchi bu sanatı öyle güzel icra eder ki çok geçmeden

Kyoto'nun önde gelen en popüler şahsiyeti olur. 70 yaşındayken, yani ölümünden bir yıl önce, o ünlü *Heike Monogatari* hikâyesini öğrencisi Teiichi'ye anlatır ve o da daha sonra bu hikâyeyi yazıya dökerek destanlaştırır. 800 sayfadan daha uzun bu destansı roman günümüzde Japonya'nın tüm kütüphanelerinde bulunmaktadır.

Evet, ilk tarihi roman, hayatının büyük bir bölümünde kör olan bir keşiş tarafından yazılmıştı. Anlatımının gerçeği yansıtıp yansıtmadığı tartışılabilir. Zaten büyük ihtimalle yansıtmıyordur, ama bunun bir önemi yok. *Heike Monogatori* bugün hâlâ yayımlanmaya devam ediyorsa bu, tarihin güzelliğinden kaynaklanıyordur. Güzellik her daim kazanır, zamana yenik düşmez. Bizim de yaşadığımız güzel şeyleri hiçbir zaman unutmamamızın sebebi budur.

Yüksek hızlı trenle yaptığımız seyahat sonrasında Tokyo'dan Kyoto'ya varıyoruz. Gion'un eski sokaklarında, genç bir kızın biwa çalışını dinliyoruz, tıpkı yedi yüzyıl önceki Adashi Kakuchi'ye benziyor. Geleneksel Japon motifleriyle süslenmiş bir tatami kilimine doğru eğilen kızın üzerinde altın sarısı bir kimono var. O bir geyşa değil; Kyoto'da kimono giyen her kadın geyşa olmak zorunda değil. Sanki meditasyon yapıyormuş gibi iki metre ötesine yere bir şey koyuyor. Parmaklarının, biwa'nın telleri üzerindeki hareketi son derece nazik; en ufak bir tereddüte mahal vermiyor ve bir kez olsun duraksamıyor, sanki doğaüstü bir güçle hareket ediyorlar. Beyaz parmakları ve belli belirsiz makyajı ona düşsel bir hava katıyor. Sanki zamanda yolculuk yapıyormuş gibi hissediyoruz. Şimdiki zaman ve geçmiş, sonsuz bir gerçeklikte iç içe geçiyor. Ama kız performansın sonunda obisinin, yani kimonosunun o geniş kemerinde sakladığı akıllı telefonunu çıkarınca büyü bozuluyor.

Kyoto, geçmiş ile şimdiki zamanın o mükemmel birlikteliğine harika bir örnek oluşturur. Modernizm ve gelenekselcilik, şehrin her köşe başında uyum içindedir. Aynı şekilde kişisel projelerimiz söz konusu olduğunda da, şimdiki zamanı ve geçmişi bir araya getirmeyi bilmeliyiz. Bir insan olarak kendimizden tam anlamıyla memnun olabilmemiz için, geçmişimizle iyi bir ilişki içinde olmamız gerekir. Tıpkı Adashi Kakuchi gibi, geçmişte hayatımıza yeni bir soluk getirmiş güzel ve pozitif şeylere odaklanmalı, mevcut ana demir atmalı ve geleceğe atılmalıyız. Örneğin, bize zarar veren bir ilişkiyi, ilgimizi çekmeyen bir işi veya bize hiçbir şey katmayan bir projeyi sonlandırmış olabiliriz. Tüm bunlar yüzünden zamanımızı boşa harcadığımızı sanmışızdır. Ama düşünce şeklimizi değiştirmeyi seçersek, bu tarz olumsuz tecrübelerin aslında bir anlamı olduğunun ve sayelerinde, kişisel gelişimimiz açısından önemli dersler aldığımızın farkına varabiliriz.

Kitabın ikinci kısmında geçmişinizi keşfetmeniz ve hayat hikâyenizdeki en nitelikli usta olmanız için gereken tüm malzemeleri ortaya çıkaracağız.

"Gion Shoja tapınağının çan sesleri tüm şeylerin faniliğinde yankılanır."

Heike Monogatari destanının ilk cümlesi

15. Aşama: Çocuk Bahçesi

İçinizdeki çocuğun gücünü yeniden keşfedin

Trenimizin neredeyse unutulmuş çocukluğunuzun peyzajında gezindiğini hayal edin. Çocukların parkta oynadığını gördüğümüz bazı zamanlar, dört bir yanınızı melankoli ya da belki de bir hüzün duygusu sarar. Neden? Bu his nereden gelir? O çocukların mutluluğu, yolumuzda ilerlerken unuttuğumuz çocukluk değerlerini ve düşlerini mi hatırlatır? Bazen şu hayatta ihtiyaç duyduğumuz yaşam hissini tetikleyen tek şey, çocuk bahçesinde bıraktıklarımıza geri dönmekten daha fazlası değildir.

Akira Kurosawa'nın başlıca eserlerinden olan *Ikiru* (生きる, yani yaşamak) filminin kahramanı Watanabe mide kanserine yakalandığını, iyileşemeyeceğini ve bir yıldan daha kısa bir ömrü kaldığını öğrenir. İlk reaksiyonu, yazar bir arkadaşıyla buluşup Tokyo gecelerine akmak olur. Gittikleri gece kulüplerinden birinde, Watanabe piyanistten *Gondola no Uta* ("gondol şarkısı") adlı parçayı çalmasını ister ve şarkıyı söylemeye başlar:

"*Hayat kısa, sevin,*
Kırmızılık dudaklarınızı henüz terk etmemişken,
Tutkunuzu henüz kaybetmemişken,
Yarınlar yokmuşçasına.

O gondola binin,
Kırmızılık yanaklarınızı henüz terk etmemişken,
Bir daha dönmemek üzere.

Gondol dalgaların üzerinde sürüklenmeden önce,
Omzunuzdaki el zayıf düşmeden önce,
Hiç kimse sizi görmeyecekmişçesine.

Ve yüreğinizdeki ateş
Sönüp de yitip gitmeden önce,
Sanki bugününüz son gününüzmüşçesine."

Bu şarkı Watanabe'ye yaşamın ne kadar kısa olduğunu ve hayatı, yol gösterici bir ikigai ile tutkulu bir biçimde yaşamanın önemini hatırlatır; yani, sevmediği bir mesleği idame ettirdiği tüm o yıllar boyunca kaçırdıklarını. O günden itibaren hayatına yepyeni bir yol çizer. Rutinine ve bürokratlık görevine son vererek bütün enerjisini yeni bir projeye adamaya karar verir: mahallesindeki kullanılmayan boş araziyi çocuk parkına dönüştürmeye. Yaşamının son aylarında, hayalindeki salıncaklı çocuk parkını hayata geçirmek için Japon yetkililerle mücadele eder. Film, *Gondola no Uta*'yı son kez mırıldanan Watanabe'nin inşa ettiği parkı izlediği sırada sona erer.

Düşlerinize can verin

Bazen çocukluk hayallerimizi gerçekleştirmek, yaşamımızın farklı evreye geçiş yapmasını sağlayabilir. Peki, siz kendinizinkileri hatırlıyor musunuz? İçinizdeki derinlikte saklanan kişiyi yeniden keşfetmek üzere atılacak ilk adım, çocukken yapmak ve olmak istediğiniz her şeyin bir listesini çıkarmaktır. İlk tutkularınız gerçek kişiliğiniz, ikigainiz ve potansiyeliniz hakkında size sayısız ipucu verebilir. Çocuklar, yetişkinlerin tecrübe ettiği baskıyı bilmezler. Onların zihinleri, her türlü toplumsal baskıdan arındırılmıştır. İşte bu zihin özgürlüğü, yaratıcılığı açığa çıkarmada çok büyük bir güçtür.

Pittsburg, Carnegie Mellon Üniversitesi'nde bilgisayar mühendisliği profesörü olan Randy Pausch'a da tıpkı Watanabe gibi kanser teşhisi konduğunda hayatının umduğundan da hızlı değiştiğini fark etti. İnsanlara yaptığı son katkı, "çocukluk düşlerini gerçekleştirmek" adlı son bir ders vermek oldu. Gözlemleri öyle bir etki yarattı ki, söyledikleri *Son Konuşma* adında bir kitaba aktarıldı. Randy Pausch bu dünyadan elli yaşından önce göçüp gitmenin ne kadar zor olduğunu anlatmakla kalmıyor, aynı zamanda çocukluk düşlerini gerçekleştirebildiği için ne kadar mutlu ve gururlu olduğundan da bahsediyor. Hayat hikâyesini anlattıktan sonra, onun izinden gitmeleri ve imkânsızı gerçekleştirmeleri için, yüreklerindeki çocuğun sesini dinlemeleri konusunda öğrencilerini cesaretlendiriyor.

"Her birimiz öğleden sonra saat üç civarı süt içip bisküvi yedikten sonra, battaniyenin altına sokulup biraz kestirebilseydik şayet, kim bilir dünya ne kadar güzel bir yer olurdu. Ya da insanların eşyalarını her zaman aldıkları yere geri koymasını ve bir düzen oluşturmak zorunda kalmasını şart koşan bir yasa çıkarılsaydı... Yaşınız ne olursa olsun, dışarı çıktığınızda el ele tutuşmak ya da grup halinde dolaşmak istemek her zaman geçerli olacak."

Robert Fulghum*

Okula dönüş

Çocukluğumuzda terk ettiğimiz yalnızca düşlerimiz değildir. Geçen zamanın ve sorumlulukların tozu altında gizlenen kıssadan hisseleri de ardımızda bırakırız. Seattle'da bulunan bir okulda profesör olarak çalışan Robert Fulghum geçmişine inerek, anaokulundan itibaren okulda öğrendiği bütün kuralları hatırlamış ve bu bilgilerden yetişkinlik yıllarında nasıl yararlanacağını öğrenmiştir. 1988'de tüm bu düşüncelerini yazıya aktarmış ve *Ne Biliyorsam Hepsini Anaokulunda Öğrendim* adlı bir kitap yayımlamıştır. Tıpkı Kurosawa'nın filmindeki Watanabe gibi, o da mutlu olmanın sırrına erişmiş, hayatını basitçe yaşamın sunduklarından faydalanarak ve yaşam sevincini özgür bırakarak yaşamaya başlamıştır. Fulghum kitabının bir çoksatana dönüşeceğini ve yedi milyondan da fazla satacağını tahmin etmezdi.

Fulghum gençliğinde, kendini teoloji çalışmalarına verip de bir papaz olmadan önce ufak tefek birçok iş yapar. Birbiri

* Robert Fulghum (1937) Amerikalı çağdaş yazar.

ardına gazete dağıtır, bir çiftlikte çalışır, hatta *country* müziği yapmayı bile dener. Hiç şüphesiz onun meraklı mizacı ve alçakgönüllülüğü, yetişkinlerin çocukluklarında sahip oldukları güçlü enerjiyle yeniden bağlantı kurmalarını sağlamıştır. Fulghum çocukları, hayvanları ve içlerindeki çocuğa yeteri kadar kulak vermeyen yetişkinleri konu alan kısa hikâyeler anlatarak, bize daha küçük bir çocukken öğrendiğimiz önemli kuralları yeniden hatırlatır…

- Daima paylaşımcı olmak.
- Adil olmak.
- Eşyaları yerine geri koymak.
- Birini incittiğimizde özür dilemek.
- Her gün biraz daha dengeli bir hayat sürmek, öğrenmek, düşünmek, çizmek, boyamak, şarkı söylemek, dans etmek, oynamak ve seyahat etmek.
- Dışarı çıktığımızda yola dikkat etmek, el tutmak ve uzaklaşmamak.
- Şaşırmak. Ufak, ekili bir tohumu düşünmek. Hiç kimse neden ve nasıl olduğunu bilmezken köklerinin ve dolayısıyla tohumun büyüdüğünü düşünmek. Her birimizin işte o "ufak tohumdan" oluştuğunu unutmamak.
- O rengârenk balıkların, farelerin, hamsterların, hatta o ekili ufak tohumun ve en nihayetinde kendimizin bile öleceğini unutmamak.
- Öğrendiğimiz ilk sözcüklerden birini, belki de içlerindeki en önemlisini, "bakmayı" hiçbir zaman unutmamak.

Çocukların bu "bakışında", insanoğlunun en kaliteli hamuru mevcuttur ve bu hamur, bizim dünyayı keşfetmemizi, yeni maceralar hayal edebilmemizi ve düşleri gerçek kılabilmemizi sağlayan bir güçtür aslında.

İçinizdeki çocuğu özgür bırakın

Bu egzersiz için, geçmişe bakmayı bir an olsun bırakın ve kendinize şu soruyu sorun: Henüz gerçekleştiremediğiniz üç çocukluk hayaliniz nelerdir?

1. ....
2. ....
3. ....

Sonrasında, bu üç hayali nasıl gerçekleştirebileceğinizi düşünün. Örneğin, bir reklam ajansında çalışıyorsanız ve hayaliniz bir yönetmen olmaksa, bununla ilgilenecek vakti yalnızca hafta sonları buluyor olsanız dahi, hayalinizle alakalı paralel bir aktivite edinin. Projeniz için birkaç meslektaşınızdan yardım bile isteyebilirsiniz.

Bu projelerin her birinin gerçek olmasını sağlayacak üç şey yazın ve bir tarih belirleyin:

Birinci hayal

1. ....

2. ....

3. ....

Maceranın başlangıç tarihi: ....

İkinci hayal

1. ....

2. ....

3. ....

Maceranın başlangıç tarihi: ....

Üçüncü hayal

1. ....

2. ....

3. ....

Maceranın başlangıç tarihi: ....

16. Aşama: Nostalji

Mutluluk kaynağınızı bulun

Tasarladığı binaların orijinalliğinin altında yatan sırrın ne olduğu sorulduğunda, Antoni Gaudí "Orijinallik, öze dönmek demektir" demişti. Valencia'lı bir şarkıcı ise "Özünü kaybeden kişi kişiliğini de kaybeder," şeklinde yorumlamıştı. Geçmişe ve atalarımıza yapacağımız basit bir yolculuk, kim olduğumuzu ve neye dönüşebileceğimizi anlamamızı sağlar.

İlkel bir duygu

Pixar'ın başlıca filmlerinden biri olan *Ters Yüz*, doğuştan sahip olduğumuz beş duygumuzun neler olduğunu; bir araya geldiklerinde çok daha karmaşık duygulara nasıl dönüştüklerini ve olgunlaşma sürecimizde yüz yüze kaldığımız zorlu durumlara nasıl tepkiler verdiğimizi yumuşak ve nükteli bir şekilde anlatır.

Hüzün hiç şüphesiz ki çok önemli bir duygudur. Saptanması gereken birçok değişkeni vardır; örneğin yaratıcılığımıza mükemmel bir partner olabilen melankoli veya nostalji gibi. Hüzünlü olmak kulağa negatif gelse de, birtakım bilimsel çalışmalara göre nostalji bize anılarımızı hatırlatıp olumlu duygular uyandırarak hem sağlığımıza hem de hedeflerimize ulaşmamız konusunda fayda sağlıyor.

"Nostaljik anılar, yapısı gereği sosyaldir ve bu tarz anıları düşünmek başkalarıyla olan iletişim duygumuzu arttırır. Bu durumda nostalji, güçlü ve dengeleyici bir stratejidir. (...) İnsanlar kendilerini yalnız veya dışlanmış hissettiklerinde, nostalji sayesinde bağ kurma duyguları onarılmış olur."

Clay Routledge

Southampton Üniversitesi'nde yapılan güncel araştırmaların da gösterdiği üzere, nostalji iyimserliği de arttırır. Zor zamanlarda, sevdiklerimizle birlikte geçirdiğimiz mutlu ve güven dolu saatlerin hatırası bize, hedeflerimize ulaşacak gücümüzün olduğunu ve diğerleri tarafından sevilmeye ve değer görmeye layık olduğumuzu hatırlatır. Gelgelelim, nostalji geçmişi sevgiyle anmaktan ibaret değildir. Aynı zamanda geleceğimizi çizmemize, kendimize bazı hedefler belirlememize ve bu hayatta istediklerimiz ile istemediklerimiz arasında bir seçim yapmamıza yardım da eder.

Mutluluk kaynağı

İnsanoğlu mükemmel yaratılmıştır. Yakılacak yağların biçimine bürünmüş enerji kaynaklarına sahip olduğu kadar, hayal kırıklığı sırasında insanın içini ısıtacak hoş anılara, yani mutluluk kaynaklarına da sahiptir. Üzgün, moralsiz veya dünyadaki kötülüklere karşı fazla duyarlı olduğumuzu hissettiğimizde, mutlu bir anımızı düşünebilir, bizi çocukluğumuza götürecek bir kokuyu; örneğin vanilya veya tarçın kokusunu duyumsayabilir veya sevdiklerimizin o sıcacık kucaklayışını hatırlayabiliriz. Bunu yapar yapmaz kendimizi daha iyi, daha güçlü ve sevdiklerimize yardım eli uzatmaya daha istekli hissederiz. Çünkü daha iyi olmamızı sağlayacak tatlı bir nostaljiye sonradan anımsayabileceğimiz yeni hatıralar katmaya meyilliyizdir.

Kişisel arkeoloji

Eski fotoğraflara, seyahat anılarına ve eski günlüklerinize gömüleceğiniz bir egzersize hazır olun. Şimdi yavaşça gözlerinizi kapatın ve geçmişi anımsayın. Aslen hangi anlarda mutlu ve başarılı olduğunuzu hissediyorsunuz?

1. ....
2. ....
3. ....
4. ....
5. ....

Tıpkı geçmişin kalıntılarının izini süren bir arkeolog gibi, mutlu anlarınızı saptadıktan sonra, sizde bugün tam olarak aynı hissi uyandıracak bir proje düşünün ve işe koyulun. Gelecek anılarınızı kendiniz inşa edin!

17. Aşama: Arkadaşlık

Yeni bir arkadaş çevresi edinin

Jon Krakauer[*] *Everest Günlüğü* adlı otobiyografi kitabında, yeteri kadar hazırlıklı olmayan bir grup dağcıyla birlikte Everest'e tırmandığı 1996 yılında başlarına gelen felaketler zincirini anlatır.[**] Kişinin, uçurumdan aşağı yuvarlanmaması için maceraya atılacağı kafileyi özenle seçmesi gerektiğini de özellikle belirtir.

Bu noktaya, kendi içinde dolambaçlı yolları ve uçurumları olan günlük yaşamımızda bile dikkat etmeliyiz. İçimizdeki ikigaiyi geliştirmek ve yaşam amacımızı gerçekleştirmek istiyorsak, çevremizi muhakkak çokça güvendiğimiz, kendi zirvemize tırmanırken bize yardım eli uzatmaya niyetli ve tehlike anında sırtımızı dayayabileceğimiz kişilerle donatmalıyız.

* 1954 doğumlu Amerikalı yazar ve dağcı.
** Bu deneyim sekiz katılımcının ölümüyle sonuçlanmıştır.

"Çevremizde, enerjileriyle bizi dirilten ve sayelerinde kendimizi iyi hissettiğimiz arkadaşlarımız vardır. Ama bu kişilerin yanı sıra, birlikteyken bunaldığımız, mutsuz hissettiğimiz ve bütün enerjimizi çeken insanlar da var. Sebebi basit. Yaşadığımız her gün ve olayda, insanlarla olan ilişkilerimizdeki duygular birbirine iletilir."

Ferran Ramon-Cortés

Arkadaş çevresi

İdeal bir ekip kurmak için eleme yoluna başvurabiliriz. Ikigaimizi gerçekleştirme yolunda sahip olabileceğimiz en kötü arkadaşların ortak özellikleri şunlardır:

- Devamlı şikâyet edenler, başkalarını eleştirenler (ayrıca biz de eleştiri konusu oluruz) ve negatif bir iletişim biçimi benimsemiş kişiler.
- Dikkatimizi onlara vermemizi veya onlar için bir iyilik yapmamızı isteyerek zamanımızı manipüle edenler.
- En çok ihtiyaç duyduğumuz anda kayıplara karışanlar.

Böyle farklı tipteki insanlarla tanışmak son derece kolaydır. Varlıklarıyla bizi yorarlar, sinirlerimizi bozarlar veya motivasyonumuzu düşürürler. Bu insanları saptamak ve etrafımızdan uzaklaştırmak, vaktimizi az ama öz olan arkadaş çevremizle geçirmek için zaman kazanmanın en önemli yoludur.

Bana Arkadaşını Söyle, Sana Kim Olduğunu Söyleyeyim

Otuz-kırk yıl kadar önce, Kuzey Amerikalı girişimci Jim Rohn bir konferans verdi. Konuşmanın konusu şuydu: "En çok zaman geçirdiğiniz beş kişi kimse, siz de yaklaşık olarak o'sunuzdur." Ona göre, arkadaş çevremiz sayesinde mutluluk veya etkililik seviyemizi ölçmek mümkün. Álex Rovira son kitabında, iyi bir takım yaratmaya istekli ve ikigailerini gerçekleştirmede onlara eşlik etmeye hazır herkes için faydalı olan bu yöntemden bahseder.

Bir keşfin başarısı, grubun erdemlerine ve kabiliyetine bağlıdır. Aynı şekilde, günlük hayatımız da en çok zaman geçirdiğimiz kişilerden etkilenir. Jim Rohn, en çok zaman geçirdiğimiz beş arkadaşımızın mutluluk seviyesini 1'den 10'a kadar puanlamamızı ister: Ortalaması, bizim ne kadar mutlu olduğumuzu gösterecektir. Sıralamanın şu şekilde olduğunu varsayalım: 9 + 8 + 8 + 2 + 3. Bunun ortalaması 6'dır ki bu da, neredeyse mutlu olduğumuzu gösterir. Daha iyi bir ortalamaya sahip olmak istiyorsanız, mutluluk seviyenizi düşüren kişilerle daha az, arttıran kişilerle ise daha sık görüşün. Bu sayede kısa zamanda daha mutlu bir insana dönüşürsünüz.

İspanyol bir iletişim uzmanı ve referans kitapları yazarı Ferran Ramon-Cortés şöyle açıklar: Ruh halimiz gün boyu başkalarıyla yaptığımız duygu alışverişlerine bağlıdır. Dile getirdiği üzere, "Bu duygu salgınının farkında olmak ilişkilerimizi ve hayatımızı 180 derece değiştirebilir. (...) Bütün enerjimizi emen kişilerden ziyade, 'bizi şarj eden' insanlarla birlikte olmak isteriz. Neyi paylaşacağımızı bilinçli olarak seçebilmek, çok daha iyi ilişkiler yürütebilmemize ve hayat yolunda çok daha iyi arkadaşlar edinebilmemize yardım eder." Aşağıdaki egzersiz, hayatımızda büyük bir önem taşıyan bu duruma yönelik mantıklı öncelikler belirlememizi sağlar.

Bir arkadaş haritası oluşturun

Etrafınızın nasıl göründüğünü iyice anlamak ve arkadaş çevrenizi biraz düzene sokmak için, işe öncelikle her bir dostunuzla aranızda bulunan ilişkinin türünü, bu ilişkinin size ne kattığını ve sizden ne götürdüğünü belirleyerek başlamalısınız.

Bu egzersizi daha etkin kılmak için, etrafınızda bulunan kişileri iki ayrı kategoriye ayırmanızı öneriyoruz.

1. Her zaman veya çoğu zaman iyimser olan, size iyi titreşimler veren, yaşamınızla samimiyetle ilgilenen ve size güven veren arkadaşlar.

   ....

   ....

   ....

2. Her zaman veya çoğu zaman kendileri hakkında konuşan, size çıkarcı isteklerle gelen, hayata dair negatif söylemleri olan veya istemeden bir araya geldiğiniz, ama aslında onlarla zaman geçirmekten pek de hoşlanmadığınız kişiler.

....

....

....

Arkadaş çevrenizi iki farklı gruba ayırdıktan sonra, kendinize şu soruyu sorun: Zamanımı birlikte geçirdiğim 5 kişiden hangileri, hangi gruba dahil?

....

....

....

Sonra, Jim Rohn'un puanlama yöntemini uygulayarak, hayatınızın hangi alanını geliştirmek istediğinizi saptayın; örneğin bu kişisel mutluluğunuz olabilir. Eğer ortalama belirli bir kişi yüzünden düşük çıktıysa, o kişiyle aranıza bir set çekin ve ortalamayı arttırmak için mutluluk konusunda en yüksek puanı alan bir "uzman" ile yakınlaşın.

18. Aşama: Anma

Noktaları birleştirin

Stanford'ın yeni öğrencilerine verdiği bir konferansta Steve Jobs şöyle demişti: "Noktaları geleceğe bakarak birleştiremezsiniz, onları yalnızca geçmişe bakarak birbirine bağlayabilirsiniz. İşte bu yüzden, noktaların çok daha sonra birbirine bağlanacağına inanmanız gerekir. Birtakım şeylere güvenmelisiniz: sezgilerinize, kadere, yaşama, karmaya... her ne olursa olsun. Çünkü noktaların birleşeceğine inanmak, işlerin tıkırında gitmediği zamanlarda bile size ilerlemeniz için özgüven aşılayacaktır. Bu tarz bir bakış açısı yaşamınızda büyük bir fark yaratır."

Hayat, hangi yönde ilerleyeceğimizi her zaman kestiremediğimiz bir trene benzer. Hayatta her zaman yaptığımız şeylerin iyi olup olmadığını kestiremeyiz ve istisnasız her şeyi, hem kuşkuyu hem de korkuyu tecrübe ederiz.

"Hayatı bir tek geçmişe bakarak anlayabilir ve yalnızca geleceğe bakarak yaşayabiliriz."

Sören Kierkegaard

Apple'ın eski CEO'su henüz bir öğrenciyken, tesadüf eseri kaligrafi kursuna yazılmıştı. Bu kursun o zamanlar ona, pazara sunulan en kaliteli fonta sahip işletim sistemini geliştirmesine katkı sağlayacağını hayal bile edemezdi.

Hayatımız boyunca tutkularımızı harekete geçiren ve her seferinde ikigai rehberimiz olarak seçtiğimiz içgüdülerimizi takip etmekten korkmamalıyız. Steve Jobs'ın konuşmalarında vermek istediği mesaj da tam olarak buydu. Kararsızlık bizi sersemletse, hatta panikletse dahi, gelecekte her şeyin kulağa çok daha mantıklı geleceğine inanmalıyız. Şüphesiz ki hayatta her şey işe yaramak zorunda değildir. Bizi çıkmaza veya başarısızlığa sürükleyecek hatalar elbette yaparız, ama yaşadığımız bu deneyimler sayesinde insan olarak gelişmemizi sağlayacak dersler çıkarırız. Bazen istediğimiz şeyi elde etmek için rotadan nasıl sapacağımızı ve bizi bekleyen bu yeni rotanın ilkine oranla çok daha güzel olabileceğini bilmek gerekir. Tıpkı Colomb'un Amerika'yı keşfi gibi, hiç kimsenin ummadığı birçok yere keşifler yapılmış ve bunlar, ilk başlangıçta belirlenen hedeften çok daha kârlı olmuştur.

Geçmişteki tecrübelerinizle bağ kurun

Bundan beş yıl önce, uzun zamandır hayalini kurduğunuz bir işe girdiğinizi hayal edin. Bu pozisyon için sizi önerebilecek insanlarla tanıştığınız bir partiye katıldınız. Yanlarına giderek onlarla konuştunuz ve bu işe adaylığınızı koymaya cesaret ettiniz. Bütün bu unsurlar, bugün o pozisyonda oturmanızı sağlıyor.

Hem bugüne kadarki gidişatınızı hem de gelecekte sahip olmak için can attığınız rotayı anlamak istiyorsanız, işe aşağıdaki sorulara cevap vererek başlayın.

1. Son beş yılda, yaşamınızdaki en önemli olay neydi?

....

....

2. Daha önce ne oldu? Bu olayın gerçekleşmesinde kimler, hangi eylemler ve başka hangi aşamalar rol oynadı?

....

....

3. Sonra ne oldu?

....

....

Beş yıllık yaşam hikâyenizi yazmak için, bu üç cevap arasında bir bağlantı kurun. Hayatınızı bugünkü konumuna getiren başlıca aşamaları birbirine bağlayan bu yöntemi esas alın.

....

....

Sonra, geleceğe yönelik yeni aşamalar yaratmaya nasıl katkıda bulunacağınızı düşünün.

Vaktinizin büyük çoğunluğunu ve çabanızı en çok neye harcıyorsunuz? Bunun nasıl bir geri dönüşü olacağını biliyor musunuz?

....

....

Uzun zamandır yapmak için can attığınız, ama başarısız olacağınızdan korktuğunuz veya size bir fayda sağlayıp sağlamayacağını bilmediğiniz için kalkışmadığınız bir şey var mı?

....

....

Eğer durum buysa, bu işe zaman ayırın ve hızlı sonuç alamazsanız da hemen paniklemeyin. Uzun vadede şeylerin birbirine bağlanacağını ve anlam kazanacağını göreceksiniz.

19. Aşama: Analog

Dijital detoks yapın

Japonya, tıpkı yüksek hızlı tren gibi bir işi müthiş bir şekilde kotardığı gibi ekonomi mucizesini de yaşattığından beri teknolojide öncü konumda. Ancak hız her şey demek değildir. Japonlar ayrıca iyi yapılmış işlerin de hayranıdır ve zamanlarını değerlendirmeyi severler. Bu, onları kendilerine zaman tanımaları konusunda ve biraz olsun yavaşlamalarını sağlayacak ritüeller keşfetmek konusunda teşvik eder.

Filmlere dönüş

Filmli fotoğraf makineleri Japonya'da hâlâ kullanılır. Tokyo'da dolaşırken, Şincuku Goen Parkı'nda, güdülenecekleri bir his ya da tesadüfen gelişen olaylar örgüsü peşinde koşan, hem filmlerle olan bağını koparmamış hem de akıllı telefonları veya dijital kameraları olan gezginlere rastlarsınız. Çoğu büyük Japon fotoğrafçı bugün hâlâ bu geleneksel filmli makineleri kullanır. Tıpkı efsanevi Daido Moriyama gibi dijitale geçmiş isimler, filmli kamera hissini yakalamak uğruna makinelerindeki önizleme ekranını kapatırlar.

Telefon kamerasıyla tıpkı bir turist gibi üç yüz tane fotoğraf çekmek ile sizi seçici olmaya iten 36 pozluk filmlerle dolaşmak arasında büyük fark vardır: İkisi birbirinden farklı tecrübelerdir. Telefon kamerasını kullanırken, eğer bir fotoğraf istediğimiz gibi çıkmazsa hiç düşünmeden on tane daha fotoğraf çekebilir ve kötü çıkanları galerimize istediğimiz gibi istifleyebiliriz. Ama filmli bir kameramız varsa, manzarayı yakalamamız ve fotoğrafı çekmeden önce neyi yakalamak istediğimizi düşünmemiz gerekir. Tıpkı bir şairin bir *haiku* yazmadan önce yapacağı gibi. Analog fotoğraflar (ve genel olarak elle yapılan aktiviteler) neler yapacağınızı ve yaratım sürecinden nasıl bir fayda göreceğinizi düşünmeniz için size zaman tanır. Kendinizi daha sakin ve daha ilgili, ayrıca fotoğraflarınızın etkisini de daha iyi hissedersiniz. Yaratıcı gücümüzü arttırmak için zihnimizi serbest bırakmamıza yardım edecek her şey ikigaimiz için iyidir.

Teknoloji öncülerinden örnekler

Teknoloji, hayatımızı ciddi ölçüde kolaylaştırıp uygarlığımıza büyük katkı sağlasa da, cihazlara her geçen gün biraz daha bağımlı olmamıza ve artık hislerimizden çok bu cihazlara güvenmemize neden oldu. Sayısız araştırmanın da gösterdiği üzere, yeni teknolojilere, özellikle de gençlerde video oyunlarına ve sosyal ağlara olan bağımlılık depresyon, işten ayrılma ve intihar vakalarını arttırabiliyor. İnsanların uyanır uyanmaz yaptıkları ilk şeyin (ve yatarken yaptıkları son şeyin), bir mesaj veya bildirim alıp almadıklarına bakmak üzere cep telefonlarına sarılması çok da şaşırtıcı değil.

Çok az insan, istenilmeyen etkilerinin yaşamımıza gerçek bir darbe indirdiği bu yeni uyuşturucudan uzaklaşmak için birtakım tedbirler alıyor. Öte yandan teknolojinin öncüleri de kendi icatlarından geri duruyor, çünkü insanlar arası etkileşime ve görsel iletişime değer veriyor ve yalnızca birkaç sene önce gerçekten de keyif aldığımız hayata geri dönme gereksinimi duyuyorlar. Steve Jobs bile evinde teknoloji kullanımını sınırlandırmıştı. Çocuklarının iPad kullanmasını engellemişti. *Wired* dergisinin eski redaktörü ve drone üreten bir şirketin mevcut direktörü Chris Anderson, *New York Times*'tan Nick Bolton'a, çocuklarının kendi pazarladığı aletlerle zaman geçirmelerindense kendisiyle vakit geçirmelerini tercih ettiğini söylemişti: "Çocuklarım, karımla beni teknoloji konusunda fazla kontrollü ve faşist olmakla suçluyor. Arkadaşlarının hiçbirinin bu tarz kurallara tabi olmadığını söylüyorlar." Uzmanın, bu tarz davranışlarda bulunmasının bir sebebi var elbette. Bu prestijli gazetede de dile getirdiği gibi, "Teknolojinin tehlikelerini ilk tecrübe eden nesil bizdik. Etkilerini bizzat kendimde gördüm ve bu etkilerden çocuklarım da mustarip olsun istemiyorum."

Dijital detoks

Teknolojiden uzaklaşmak o kadar da kolay bir iş değil, çünkü yaşamımızın her noktasında onunla iç içeyiz. Yine de bu konuda uzman olan bir başka ismin, Google'ın pazarlama direktörü Daniel Sieberg'in de dediği gibi, "Ondan mahrum kalmamız mümkün." Sıkı bir kariyeri olan ve hem televizyondan hem de internet üzerinden tanıdığımız bu iletişim gurusu, medyanın her gün öne sürdüğü baskıları iş dünyasında olduğu kadar özel yaşamda da hisseden ilk insanlardan biriydi:

"Yediklerimiz ve içtiklerimizden düzenli olarak kuşkulansak da, bu daimi teknoloji bağımlılığını çok nadiren sorguluyoruz. Bunu bir düşünün. Cihazlara ve internete besleyici bilgiler eşlik etmiyor. İnsanlar, ne bünyeye alınan teknoloji miktarını ne de onlarda bıraktığı etkiyi kontrol edebiliyor." Sieberg, bu sebepten ötürü ve hem kişisel hem de profesyonel tecrübelerine dayanarak, bizi teknolojinin maruz kaldığımız tehlikeleri konusunda uyaran *The Digital Diet (Dijital Diyet)* isimli bir kitap yazdı. Kitap, teknolojiden ufak ufak uzaklaşarak dijital diyetin nasıl yapılacağına dair birçok tavsiyede bulunuyor. Sieberg'e göre, sağlıklı dijital bir detoks aşağıdaki maddeleri içeriyor.

1. Teknolojinin hem kendinizin hem de toplumun üzerinde yaratacağı etkilerini düşünün. Bir ya da iki gününüzü cihazlardan uzakta geçirin ve neler olacağını gözlemleyin.
2. Her gün teknolojiyi ne kadar kullandığınızı ölçün. Kaç tane cihazınız var? Hangi birini ne sıklıkta kullanıyorsunuz? Ve onlara ne kadar bağımlısınız?
3. Teknolojiyi, kontrolü elden bırakmadan, sevdiğiniz insanlarla gerçek ve samimi bir ilişki kurmak için kullanın.
4. Bu yeni teknoloji rejiminizi, nicelikten çok niteliğe önem vererek ve sağlığınızı iyileştirecek sorumlu bir tüketim biçimi benimseyerek mükemmel hale getirin.

Uzmanımızın da dile getirdiği gibi, işin anahtarı teknolojiyi küçüksemek veya kendimizden büsbütün uzaklaştırmak değil, onunla bir uyum yakalamak; onu bir zorba olarak değil, bir araç olarak görmektir.

"Zaman, teknolojiyle savaşma zamanı değil, barışma zamanı. Telefonunuzdan, e-postalarınızdan, çevrimiçi hizmetlerden nefret etmeyin. Bunları rutininize davet edin ve kontrolü elden bırakmayacak şekilde evcilleştirin. Faydasını göreceksiniz."

Daniel Sieberg

Bu diyet, diğerleri gibi, birdenbire uzaklaşma politikası veya kararsızlık içermiyor. Eğer diyete uyarsanız ve sonuna kadar giderseniz, modern dünyanın size sunduğu bütün güzel şeylerin farkına varırsınız. Ve bir gün, çok sıkı bir rejimin kölesi olmuş insanları hayretle izlersiniz.

Ruhu ve bedeni gevşeten "analog" alışkanlıklar

Analog bir sistemin yavaşlığı bize düşünme, gevşeme ve süreçten faydalanma fırsatı sunar. Zaman zaman *slow* teknolojileri kullanmak, her daim maruz kaldığımız daimi tetikte olma durumundan uzaklaşmamızı ve sürekli çantamızı titreştiren o son mesaja cevap vermek için fırsat kollamaya bir son vermemizi sağlar. İşte size gün içinde sağlıklı alışkanlıklar benimsemek için, analog teknolojinin ilham verici birkaç fikri…

1. Eğer yalnızca elektronik bir okuma cihazı kullanıyorsanız, en sevdiğiniz yazarın basılı bir kitabını satın alın.
2. Notlarınızı mobil bir uygulama üzerine mi alıyorsunuz? Her zaman çantanızda taşıyacağınız ve gittiğiniz her yere götüreceğiniz bir ajanda edinin.
3. Bir sonraki seyahatiniz için filmli bir fotoğraf makinesi alın. Fotoğraf çekmeden önce derin bir nefes alın, anı yaşayın, onu hissedin ve o anı fotoğraflayın. Film rulosunu bastırın ve seyahate çıktığınız arkadaşlarınızı bir kafeye davet ederek fotoğrafların basılı haline birlikte bakın.
4. Bilgisayarınızda bir metin üzerinde mi çalışıyorsunuz? Çıktısını alın ve elinizde kalemle okumayı deneyin. Kâğıttan okuduğumuzda, ekrandaki mavi ışık filtresi altında göremediğimiz hataları daha net fark edebiliriz. Bilgisayarınızdan koptuğunuzda ve (son attığınız e-postaya cevap beklemek gibi) sayısız taleplerden uzaklaştığınızda, yeni fikirlere yer açmış olursunuz.
5. Bir pikap alın. Plağı kutusundan çıkarıp da dikkatle pikabın üzerine yerleştirmek daha yavaş hareket etmenize ve dinlediğiniz müzikten daha çok zevk almanıza neden olur. Üstelik beş ya da altı şarkıda bir plağı döndürmek veya değiştirmek, tıpkı Pomodoro tekniğinde (bkz. sayfa 115) olduğu gibi biraz mola vermenizi sağlar.

20. Aşama: Slow Life

Daha uzağa gitmek için yavaş adımlarla ilerleyin

İnsan olmanın doğal ritmini yakalamak için bizi kendine köle eden teknolojiden uzaklaşmak yetmez. Günümüz dünyası epey baş döndürücü, her şey çok hızlı ilerliyor ve bizler de yerimizi korumak için her gün büyük bir güçle dayanmak zorundayız. Hızlı olmak yalnızca bir alışkanlık değil, bize belirli derecede itibar kazandıran bir meziyet de artık. Artık başarıyla meşguliyeti bağdaştırıyoruz, üstelik tam tersi bir tutum benimsememiz gerekirken. Eğer oturup da bir fincan çayın tadını çıkaramayacaksak, başarı ve para ne fayda sağlayabilir? Ne pahasına olursa olsun, her şeyi aceleye getiren bu asılsız alışkanlığa karşı mücadele etme hakkına sahibiz. Sonuç olarak ortada bizi kovalayan bir avcı yok ve daha sakin ve daha hoş bir hayatta yaşamak için, bu girdabı durdurma gücüne de sahibiz. Bir başka deyişle, tutkularımızdan yararlanarak kendimizi ikigaimize adamak için bize kalan zamanın kontrolünü yeniden ele almak ve basit bir yaşam benimsemek tamamen bizim elimizde.

"Ormana gittim, çünkü telaşsız yaşamak istiyordum; yaşamın temel olgularıyla uğraşmak zorunda kalmamak ve bana öğrettiği şeyleri iyice benimseyip benimsemediğimi bilmek. Ve öldüğümde aslında hiç yaşamadığımın farkına varmak istemiyordum."

Walden – Ormanda Yaşam

Yavaşlık da moderndir

19. yüzyılda uygarlığın sebep olduğu stresten uzaklaşmanın yollarını arayan Henry David Thoreau ormanın ortasındaki bir kulübede iki yıl, iki ay ve iki gün yaşamaya karar verir. Gelgelelim, *slow life* akımının bizim bildiğimiz şekliyle başlaması ancak 1989 yılını bulur; ünlü bir fast-food zincirinin Roma'nın merkezinde bulunan İspanyol Merdivenleri'nin yakınına açacağı mağazasını protesto etmek amacıyla yapılan, sosyolog ve siyasetçi Carlo Petrini önderliğindeki bir eylemle mümkün olmuştur bu; bu eyleme sayısız Roma sakini ve çiftçi katılmıştır. Bu ve diğer fast-food zincirleri büyümeye devam ederken, Slow Food hareketi uluslararası bir eğilime dönüşür: *slow life*. Yaşamın bütün yönlerinde, nicelikten çok niteliğe önem veren bir temele dayanır:

- Sayıca az, ama yıllar boyu giyilebilen dayanıklı kıyafetler almak,
- Daha az et yemek, tüketilen miktarın da organik olmasına özen göstermek,
- Daha az aktiviteye katılmak ve her birinden iyice faydalanmak için daha fazla zaman ayırmak,

- Gerçek anlamda sevdiğimiz az arkadaşa sahip olmak,
- Kendimizi, gerçekten bir önemi olan esaslara adamak.

"İçinde bulunduğumuz yüzyıl doğdu ve önce makineyi icat ettikten sonra onu bir yaşam modeline dönüştüren sanayi uygarlığı belirtisi altında büyüdü. Hız bizim hapishanemiz oldu, bu virüs hepimizde var; fast life virüsü alışkanlıklarımızı alt üst ediyor, evimize kadar giriyor, fast-food ile beslenmemize sebep oluyor. Homo sapiens nesli, tükenme tehlikesiyle karşı karşıya gelmek istemiyorsa şayet, bilgeliği ele almak ve kendini hızın zincirlerinden kurtarmak zorunda."

Slow Food hareketinin resmi manifestosu

Sonuç olarak söz konusu olan şey, yaşamak için zaman ayırmak ve hem kendimize hem de bize ve tutkularımıza değer veren insanlara vakit ayırmak. Yaşamdan keyif almak, bazen unutsak da hepimizin sahip olduğu bir yetenektir. "Yavaş yaşamak" kontrolü elimize almamızı ve doğanın ritmiyle aramızda bir bağ kurmamızı sağlar. Yalnızca daha basit, daha saf, daha hoşnut edici, keyifli ve eğlenceli bir hayata bel bağlamalıyız.

Slow life akımına katılmak için atılması gereken ilk adımlar

Bu harekete katılmak ve yaşam kalitenizi ciddi anlamda arttırmak için, alışkanlıklarınızda ufak değişiklikler yapmanız ve yeni âdetler edinmeniz yeterli olur. İşte size birkaç öneri…

- Günün belli bir saatinden sonra telefonunuzu uçak moduna alın.
- Sosyal ağlardan mümkün olduğunca uzak durun; eğer açtıysanız da kendinize bir süre belirleyin veya bir sınır koyun.
- Haberleri izlemek veya okumak için gün içinde kendinize bir zaman belirleyin ve daha iyi hissetmenizi sağlayacak havadislere odaklanın.
- Ekolojik ve organik yiyecek ve giyecekler satın alın.
- Pazardan taze ürünler satın almak için fırsat kollayın, pişirin ve yemeğinizin tadını çıkarın.
- İşinizi tamamlamak için kaç saate ihtiyacınız varsa, vaktinizi yalnızca bu kadarına ayırın, ama mutlaka iyi bir iş çıkarın.
- Sanaldan ziyade fiziki toplantılara önem verin.

Şimdiki Zamana Yolculuk

Geçmişinizi ve geleceğinizi, şimdiki ebedi yaşantınızda birleştirin. Bu yolculuğa Japonya'daki en önemli Şinto tapınağından başlıyoruz.

伊勢

Ise

Ise

Seyahatimizin son günlerinde Ise'ye doğru yol alıyoruz, burası dünyanın en büyük Şinto tapınağına ev sahipliği yapan bir kıyı kenti. Japonların Mekke'si olarak görülüyor. İstasyondan güçbela çıkıp bir taksi tutuyor ve doğayla iç içe olan tipik bir Japon hanına, *ryokan*'a varıyoruz. Ev sahibi bizi kapının önünde karşılıyor. Taksinin kapısını açıyor ve bavullarımızı çıkartmamıza yardım ediyor.

"Benim adım Tanaka," diyor yüzünde büyük bir gülümsemeyle.

"Tanıştığımıza memnun olduk, biz de Héctor ve Francesc..."

"Ooo, Japonca biliyorsunuz demek!" diyor Héctor'a.

"Hâlâ öğreniyorum."

"Çok şanslısınız. Bu bölgedeki en iyi *ryokan*'dasınız," diyor, parmağıyla ağaçlardan ucu bucağı gözükmeyen ufku işaret ederek. "Buradaki doğal parkta bir Ise tapınağı bulunuyor. Çok yakınız, yürüyerek bile gidebilirsiniz."

Güneş batmak üzere; ağaçlar, bize sonbaharın neredeyse gelip çattığını hatırlatan renk tonlarıyla kaplanmış. Ertesi gün güneş doğarken pencereyi açıyoruz ve ağaçların arasına inşa edilmiş ahşap Ise tapınağını görüyoruz; tıpkı çevrelerini kuşatan doğayla bir ahenk içinde yaşayan canlılara benziyor. Ahşaptan torii'ler* gerçekten önemli olanı açığa çıkarıyor: ağaçlar, ırmak, etrafındaki hayat ve bölgede yaşayan kami'ler**. *Ryokan*'dan çıkıyoruz ve Güneş Tanrıçası Amaterasu'ya adanan Ise tapınağının içine giriyoruz. Girişteki ahşap köprüden karşıya geçip de iki torii'yi ardımızda bıraktıktan sonra, tanrılara adanmış yapılarla iç içe geçen ağaçların olduğu ormana ulaşıyoruz.

"Çok tuhaf," diyor Héctor, tapınağı torii'lerin biri vasıtasıyla gözlemleyerek. "Buraya ilk kez geldiğimde, farklı bir tapınak görmüştüm. Ama sanırım ikisi de birbirinin aynısı."

"Denilene göre, burayı yirmi sene önce inşa etmişler," diyor Francesc büyülenmiş bir biçimde.

"Aslında son inşaat 2013'te bitmiş. Bugün gördüklerimiz 62'nci versiyonu. Tam 62 kez yıkılmış ve yeniden yapılmış."

"Avrupa'da olsa, bir katedralin sırf yeniden yapılacak diye yıkılması hiç hoşumuza gitmez."

"Üstelik biraz pahalı olurdu bu. Ise tapınağının inşası çok kolay. Ahşap lazım, o da şu etrafımızdaki ormandan sağlanabilir, ayrıca yapıyı güçlendirmek için ne çivi ne de metal başka bir unsura ihtiyaç var. Milyarlarca yıldır aynı geleneksel yapıyı ve bilgiyi benimsemişler; her şeyi kutsal nesne ve bölgeler için saklanan, pirinçten hasırlarla dokunmuş *shimenawa* ipleriyle sağlamlaştırıyorlar. Aynı olmasına rağmen farklı bir yapıya baktığımı sanmamın sebebi bu olabilir. Ama aslında özü aynı."

* Torii: Japonya'daki Şinto tapınaklarının girişinde bulunan süslü kapı.
** Kami: Şinto tanrıları.

Francesc yüksek sesle, "Lampedusa'nın dediği gibi, hiçbir şey değişmediği için her şey değişir," diye düşünüyor. "Bu bir çeşit ebedi bir an."

Ise, bize şimdiki ana odaklanmamız için gereken tutkuyu verdi. Sırf bu yüzden insanlar genel olarak meditasyon yapmayı tercih ediyor, ama biz, dikkatimizi şimdiki zamana odaklamamızı sağlayan herhangi bir aktivitenin akışı yakalamamıza olanak tanıdığına inanıyoruz. Yalnızca tek bir şey üzerine odaklanıp zaman ve mekân kavramını unutarak kişinin kendini bir aktivite içinde kaybetmesi demek olan bu tecrübeye inanıyoruz. Bütün sanat aktiviteleri, ruhumuzu ve zihnimizi şimdiki zamana çeken mükemmel araçlardır; son derece güzel başarıların doğması ve büyük değişimlerin filizlenmesi de işte bu sayede olur. Sanat ebedi olduğu sürece vardır. Ebedi, mutluluk dolu ve yaratıcı bir şimdiye katılmaya hazır mısınız?

21. Aşama: Mevcudiyet

Bir koltuğa iki karpuz sığmaz

Trenin penceresinden bakınca, bir tepenin üzerine inşa edilmiş bir zen manastırı görüyoruz. Doris Dörrie'nin 2000 tarihli *Erleuchtung Garantiert (Garantili Aydınlanma)* adlı filmindeki karakterlerin ziyaret ettiği yere çok benziyor. Basit bir kurgu film olmasının yanı sıra, aynı zamanda belgesel niteliği de taşıyor. Oyuncular gerçek isimlerini kullanıyor ve son derece genel bir şekilde doğaçlama yapıyorlar. Kişisel bir problemin üstesinden gelmeye çalışan iki Alman kardeş Uwe ile Gustav Japonya'ya seyahat etmeye karar veriyor. Bir zen manastırına giderek gerçekte kim olduklarını keşfetmeyi umuyorlar. Tokyo sokaklarında rasgele dolaştıkları birkaç günün sonunda, Sojiji manastırına varıyorlar. Keşişlerle iletişim kurarak, bütün dikkat ve enerjilerini tek bir aktivite üzerine yoğunlaştırmayı öğreniyorlar: özenli bir biçimde sofra takımlarıyla peçete katlamak, ahşap yüzeyi cilalamak ve mantraları tekrarlamak... Film çekimleri sırasında aktörlerin de katılımıyla keşişler günlük hayatlarına devam ediyorlar.

Çoklu görev sonuç vermez

Dikkat dağıtıcı unsurlar bugün hayatımızın kontrolünü ele geçirmiş durumda. Yeni teknolojilerin getirdiği bütün faydalara sırt çevirmek veya bunlardan şikâyetçi olmak absürt olurdu. Buna karşın, teknolojinin bizim kontrolümüzü ele alması değil, bizim teknolojiyi kontrol altına alabilmemiz için, bazı kararlar verebiliriz. Birçok araştırmanın da kanıtladığı üzere, çoklu görev (yani birden fazla işi aynı anda yapma) konusunda etkili değiliz. Hatta dağıldığımız anda, her bir unsura yönelik gösterdiğimiz dikkatin kalitesi ciddi oranda azalıyor ve bir işi daha sonra devam etmek üzere her bıraktığımızda yorgun düşmüş oluyoruz. Aktiviteden aktiviteye atlayarak geçirdiğimiz bir saatin sonunda artık tükendiğimizi hissederken, bahçe işleri veya resim yapmak gibi yalnızca tek bir aktiviteye odaklanarak geçirdiğimiz dört veya beş saatin sonunda kendimizi hiç de yorulmuş gibi hissetmememiz bu durumla açıklanabilir.

YouTube'dan video izlerken, bir yandan da sınavları değerlendirerek ve her 15 dakikada bir telefonumuz vasıtasıyla e-postalarımıza cevap vererek vaktimizi en iyi şekilde geçirdiğimizi düşünebiliriz, ama durum hiç de böyle değil. Aslında bir an video izlediğimiz, bir an sınavları değerlendirdiğimiz ve diğer anda da e-postalara cevap verdiğimiz için çok hızlı ilerlemiş oluyoruz. Eski bir deyim vardır: "Bir koltuğa iki karpuz sığmaz."

Oturmak, zendir; yürümek, zendir; iPhone, zendir

Nagao Dağları'nın orta yerinde bulunan bir Budist tapınağının içine girdiğim gün, adeta kadim zamanlara ışınlandığımı hissetmiştim. Minimalist bir anlayışla dekore edilmiş bir salonda meditasyon yapan keşişleri izleyebildim. Seans sona erdiğinde, bütün keşişler kendi işlerine geri döndüler. İçlerinden biri bahçeye çıktı ve elinde yeşil çayıyla birlikte benim bulunduğum banka oturdu. Cebinden bir iPhone çıkarttığını gördüğümde öyle şaşırdım ki! Mutlu ve güler bir yüzle mesajlara cevap verdi. Hatta bir kahkaha kopardığını bile gördüm. Sonra telefonu cebine geri koydu ve bana doğru dönerek ismimi ve nereli olduğumu sordu. Ona cevap verirken, o anda önemi olan tek şey benmişim gibi gözlerimin içine bakıyordu. Birkaç cümle daha konuştuktan sonra, ona şunu sordum:

"iPhone zen pratiğinizi bozmuyor mu?"

"Oturmak, zendir; yürümek, zendir; iPhone, zendir. Bundan şüpheniz olmasın."

O keşiş aslında şunu söylemek istiyordu: "Oturuyorsan, otur. Yürüyorsan, yürü. Ama ne yaparsan yap, asla tereddüt etme."

Héctor

Bu ünlü zen deyişinde, İngilizcede *mindfulness* olarak adlandırılan bir söz vardır; her anda var olmak, bedenimizi ve zihnimizi yaptığımız her işte hissetmek anlamına gelir. Oturduğumuz zaman, bedenimiz ve zihnimiz oturma eylemi tarafından zapt edilmelidir. Yürüdüğümüzde de aynı şey geçerlidir, ama bir yandan yürüme eylemine de yoğunlaşmamız gerekir. Deyimde geçen son buyruk "asla tereddüt etme" ise bize, teşebbüs ettiğimiz her konuda tam anlamıyla var olmayı hatırlatmalıdır. İşte size tereddüt etmemek için bazı ipuçları...

- Eğer yemeğe oturduysanız, cep telefonunuzu masadan uzaklaştırın ve yemeği bitirmeden elinize almayın, özellikle de başkalarıyla birlikte yiyorsanız. Bütün dikkatinizi yanınızdakilere verin.
- Eğer yürüyorsanız, bu gezintiden sanki dünyanın en önemli şeyiymiş gibi faydalanın.
- Eğer duştaysanız, hayatınızın son duşunu alıyormuş gibi davranın. Vücudunuza damlayan her sıcak su damlasını takdir edin.

Gününüzü ikiye bölün: akışı yakaladığınız dakikalar ve kendinizi bıraktığınız dakikalar

Vaktinin bir kısmını meditasyon için, diğer kısmını mesajlarına cevap vermeye ve bir diğerini ise yabancılarla sohbet etmeye ayıran zen keşişlerinin modelini temel alarak, siz de bir gününüzü farklı bölümlere ayırarak yeniden yaratabilirsiniz. Böylece acil olana bağımlı olmaktan kurtulur, kontrolü eline alan siz olursunuz. Yalnızca tek bir şeye odaklanmak için, gün içinde zamanı aralıklara bölmek en kolayıdır.

1'inci aralık (büsbütün odaklanacağınız ilk şey)
Başlayış ve bitiş saati: ....
Aktivite: ....

2'nci aralık (büsbütün odaklanacağınız ikinci şey)
Başlayış ve bitiş saati: ....
Aktivite: ....

3'üncü aralık (büsbütün odaklanacağınız üçüncü şey)
Başlayış ve bitiş saati: ....
Aktivite: ....

Notlar

- Her akış anında, Pomodoro tekniğini kullanabilirsiniz (bkz. sayfa 115).
- Geri kalan zamanlarda kendinizi bırakın. Gün boyu bir zen keşişi olmak zorunda değilsiniz.

22. Aşama: Aydınlığa Yazarak Ulaşmak

Mürekkebin ve kâğıdın gücü

Yazı, var olan en etkili terapi yöntemlerinden biridir. Japon psikoterapist Shoma Morita* hastalarına, duygularını gün aşırı kâğıda dökmelerini tavsiye ederdi. İçimizde saklı olanın dışarı çıkmasına olanak tanıyarak, fikirlerimizi ve duygularımızı ortaya çıkarıp bir düzene koyarız. Bilinçaltımızı yararsız yüklerden arındırarak, iyi bir yönde çok daha hızlı ilerleriz.

Yazının sağlığa faydaları

Modern bilim, yazının sağlığımız üzerindeki olumlu etkisini kanıtlamıştır. UCLA'da bir doktor olan Matthew Lieberman, yaptığı deneyde, iki gruba ayırdığı deneklerinin beyinlerini sağlık taramasından geçirmek için, işlevsel manyetik rezonans görüntüleme vasıtasıyla imgelemi kullandı. Bu gruplar şöyleydi:

* Shoma Morita (1874 – 1938): psikiyatr ve zen Budisti.

- Gün içinde hissettikleri tüm duyguları yazıya aktaranlar,
- Bunu hiç yapmayanlar veya yalnızca (iş ilişkileri gibi) kişisel olmayan şeyleri yazanlar.

Birkaç günün sonunda, ilk gruba mensup bireylerdeki amigdala* aktivitesi azalmaya başladı. Bu reaksiyon, sağlıklı bir psikolojinin ve düşük stresin bir göstergesidir. Bu çalışmanın da gözler önüne serdiği gibi, kişinin duygularının ifade bulması ve hayatını yazarak anlatması, duygu yoğunluğunu yumuşatan amigdala aktivitesini düzene sokmaya yarar.

"*Günlüğümde kendimi, kim olursa olsun, başkalarına sunduğumdan çok daha açık bir şekilde ifade ediyorum; adeta kendimi baştan yaratıyorum. Günlüğüm, kişisel kimliğim için bir araç görevi görüyor. Kendimi duygusal ve ruhsal anlamda özgür bir insan olarak tasvir ediyorum. Aynı zamanda bu, günümü basitçe anlattığım bir hikâye değil. Bundan çok daha fazlası. Günlüğüm, birçok durum içinde bana bir alternatif sunuyor.*"

Susan Sontag

Yaşamsal bir seyir defteri

Bir günlük tutacaksanız her gün aksatmadan yazmalısınız, üstelik çok da özenli olmanız gerekmiyor. Basitçe ilerleyin…

- Rahatlayın ve aklınızdan ne geçiyorsa onu yazın.
- O gün başınıza gelen bir olayı veya yakın zamanda gerçekleştireceğiniz bir projeyi anlatın.

---

* Beyinde, hipokampüsün yakınlarında bulunan amigdala birtakım duygular hissetmemizi ve başkalarının duygularını algılamamamızı sağlar.

- Olumlu yönlere odaklanmaya çalışın.

Hayatta başınıza her zaman iyi şeyler gelmez. Kötü bir tecrübe yaşadığınızda, bunu derhal not edin ve "Neyi farklı yapsaydım böyle bir şey başıma gelmezdi?" sorusuna cevap verin. İşte size kendinize sorabileceğiniz iki soru…

Bu kötü tecrübeden ne öğrendim?

Farklı bir tecrübe edinmek için hayatımda nasıl değişiklikler yapmam gerekiyor?

Beş dakikada bir günlük hazırlayın

Size ilham verecek ve bu egzersize ayıracağınız güzel bir defter seçin. Her gün yeni bir sayfaya başlayın. Yatay bir çizgi çekerek sayfayı ikiye ayırın. Üstteki kısma sabah uyandığınız an üç dakika yazın. Alttaki kısma ise yatmadan önce iki dakika yazın. Bu iki kısmı belirledikten sonra içlerini doldurmaya geçin.

Sabah (her kısma bir dakika)

- Hayatımın bu döneminde minnettar olduğum üç şey:

....

- Bu yeni günü özel kılacak üç şey:

....

- Günün teyidi: Bugün yapacaklarım:

....

- Yazdıklarınıza geri dönmemeye çalışın. Bir sonraki bölümde göreceğimiz haiku sanatında olduğu gibi, defteri açar açmaz aklınızdan geçen ilk şeyi yazmanız gerekir. Bu egzersiz adını, bu ifade yönteminden alır.

....

Akşam (her kısma bir dakika)

- Bugün başınızdan geçen üç harika olay:

....

- Bugünü daha iyi kılmak için ne yapabilirdim?

....

İlk adım olarak gün içindeki heyecan verici ya da önemli şeyleri, bunlar çok ufak şeyler olsa dahi yazın. Bir şartla: Bu şeylerin birdenbire olmasını beklemeyin. Örneğin; "Bir yıldır konuşmadığım bir arkadaşım bana mesaj gönderdi" veya "Parka giderken, bir sonraki projem için aklıma harika bir fikir geldi" gibi.

Günün daha güzel geçmesi için ne yapabilirdimi açıklamak içinse lafı uzatmayın. Tuzağa düşmeyin. Kısa ve öz bir açıklama yapmak çok daha faydalı olacaktır. Siz uyuduğunuz sırada bilinçaltınız bilgileri bir araya getirecektir. Örneğin; "Bugün sabahtan beri çok acil işlerle boğuştum durdum. Halbuki kontrolü ele alabilir ve günün başından itibaren önceliklerimi belirleyebilirdim."

23. Aşama: Haiku

İçinizdeki şairi ortaya çıkarın

17. yüzyılın ikinci yarısının Japon şairi Matsuo Başo şöyle der: "Haiku, belli bir zamanda ve belli bir yerde var olan bir şeydir." Haiku sanatı, en derin duygularımıza başvurarak onları mükemmel bir kişisel keşif aracına dönüştürür. Bu kısa Japon şiirleri tıpkı bir tablo veya fotoğraf gibi duyguların kâğıda aktarılmasına yarar. Geleneksel olarak üç dizelik 17 heceden oluşurlar (sırasıyla beş, yedi ve beş) ve sadeliğin en üst seviyesine ulaşmaya çalışırlar. Şair sade olmalıdır; metafor, süslü anlatım ve karmaşık kıyaslamalardan kaçınmalıdır.

Sadeliğin en sıkı savunucusu olan Matsuo Başo haiku'nun ilk büyük temsilcisi olarak görülür. Her zaman yapaylığa karşı savaşmıştır. Haiku'ları vasıtasıyla yaşamın özünü keşfetmeyi ve doğayla mükemmel bir ahenk yakalamayı yürekten istemiştir. Yüz dizeden oluşan *renga*'lar gibi, daha karmaşık olan geleneksel diğer şiirleri de denemiş olmasına rağmen, her daim sadeliği geliştirmeye odaklanmıştır. Haiku'yu dönüştürürken bir yandan da tarihe geçiren diğer Japon yazarlara kılavuzluk etmiştir. Tasvire veya duygulara yoğunlaşan haiku özünü, bir başka deyişle özlüğünü hiçbir zaman kaybetmemiştir.

Japonya dünyaya açıldıktan sonra, Meiji döneminde, Arjantinli Jorge Luis Borges, Meksikalı Octavio Paz ve Amerikalı Jack Kerouac gibi dünyanın dört bir yanından bazı yazarlar haiku sanatına hayran kalmıştır.

"Taçyapraklarının dansı,
Hareketsiz rüzgârın esintisi,
Daimi ilkbahar"

Héctor

Haiku nasıl yazılır?

Héctor ve Francesc olarak biz, bir şair olmaksızın ve bu şiir türünün doğasını bozmaksızın, Japoncadan başka bir dilde haiku yazmanın mümkün olduğunu göstermek amacıyla, kişisel olarak bu sanata yatkınlığımızı ölçmek istedik. Francesc, Albert Liebermann takma adıyla yazdığı *El árbol de los Haikus* adlı kitabında, bir haiku yazmak için gereken unsurları detaylı bir biçimde ele aldı. İşte size bir özeti…

1. Birbirleriyle uyaklı olmayan üç dize yazılmalı.
2. Tek bir nefeste ve yüksek sesle okunabilecek kadar kısa olmalı.
3. Tercihen doğaya veya mevsimlere gönderme yapmalı.

4. Mutlaka şimdiki zaman kullanılmalı. Fiil kullanmak zorunlu değil, ama kullanılacaksa da bu, asla geçmiş veya gelecek zaman olmamalı.
5. Şairin bir gözlemini veya hayranlığını açığa çıkarmalı.
6. Beş duyudan biriyle tamamlanmalı.

30 günde 30 haiku

Haiku yazmak zihnimiz için bir mıknatıs görevi görür; zihni şimdiki zamana götürürken derinlerimizde saklı olan en beklenmedik becerileri açığa çıkarır. Ruhunuza ses vermeniz için size önerimiz şudur: Otuz gün boyunca her gün bu sanatı icra etmeyi deneyin. Birkaç dakika yeterli olacaktır. En ideali düşünmeden, rasgele oluşan haiku'dur. O anda hissettiklerinizi açığa çıkaracak üç dize yazın. Bu amaç için bir defteri, akıllı telefonunuzdaki notlar uygulamasını ya da Twitter'ı kullanabilirsiniz. Seçilen yöntem veya haiku'nun edebi kalitesi öyle çok önemli değil, esas olan bunu otuz günde bir alışkanlığa dönüştürebilmektir.

İşte sizlere nasıl ilerleyeceğinize dair birkaç tavsiye…

1. Günün uygun bir anını seçin, örneğin bu, evden işe gidip gelirken yolda harcadığınız zaman dilimi olabilir.
2. Derin bir nefes alın, etrafınıza bakın ve kendinize şu soruları sorun: Ne görüyorum? Ne duyuyorum? Ne hissediyorum? Ne seziyorum? Etrafımdaki ve içimdeki bu anın özü ne?

3. Bu sorulara cevap verdikten sonra, hiç düşünmeden üç dizede ne hissettiğinizi yazın.

Otuz günün sonunda, yazdığınız bütün şiirleri okuyun. Başı çeken bir stil ya da tema var mı? Haiku'larınız, neyi sevdiğinizi veya sizin için neyin önemli olduğunu, geçmişte hep endişe duyduğunuz ve gün içindeki yükümlülüklerinize de bulaşmış hayat amacınıza yönelik ipuçlarını tespit etmenizi sağlayacak işaretler gönderebilir.

24. Aşama: Hayati Kararlar

Hayatınızı değiştirecek girişimlere kucak açın

İstisnasız her gün, mevcut anımızı biçimlendirecek ve, o ya da bu şekilde geleceğimizi etkileyecek ufak tefek kararlar alırız. Aldığımız bazı kararlar her şeyi değiştirecek kadar önemli olabilir, bu tarz kararlar alırken zorlanmamızın sebebi de işte bu yüzdendir. Bizi tüketen işimizden istifa etmek, bir ilişkiye başlamak ya da bitirmek, mesleğimizi, yaşadığımız şehri, hatta ülkeyi değiştirmek, ebeveyn olmak, günlük alışkanlıklarımızı değiştirmek... Bu tarz kararların birçoğu varoluşumuzu her yönden etkileyecektir. Mühendisleri, tren kavramını büsbütün yeniden sorgulatmaya iten ilk hızlı trenin inşasını hatırlayın: Bazı seçimler yeni bir başlangıç gerektirir, çünkü artık hiçbir şey eskisi gibi olmayacaktır.

"Olgunluğa erişen her insan, bir insanoğlu olarak kaderine damga vuracak on ya da on iki hayati karar almak durumundadır. Hayati bir karar, hayatımıza bir önce ve bir de sonra katarken, varoluşumuzu her yönden etkiler."

Antoni Bolinches

Yaşamınızı planlayın

Her gün milyonlarca insan hayati kararlar alır: sigarayı veya et yemeyi bırakmak, cinsel yönelimini değiştirmek, bir evliliğe son vermek, istikrarlı bir işten istifa etmek ya da bir mesleği, inancı veya hayat görüşünü kökten değiştirmek... Kendi geleceğimizin aktörleri olup olmadığımızı anlamak için kendimize, yaşamımızın dizginlerini elimize aldığımız andan itibaren kaç hayati karar verdiğimizi ve istediğimiz noktaya ulaşıncaya kadar kaç hayati karar daha almamız gerektiğini sormalıyız. Sizin de anladığınız üzere, bu bölümdeki son egzersiz ne kadar ilerlediğimizi ve hayat amaçlarımıza ulaşmak için daha ne kadar ilerleyeceğimizi gözümüzde canlandırmamızı sağlayacak.

Buraya Kadar Nasıl Geldim?

Bir cumartesi günü, öğleden sonra, Doktor Bolinches ile yapılan bir seminerin ardından, beni bugün olduğum noktaya getiren hayati kararların neler olduğunu sorguladım. En önemlilerinden bir tanesi şuydu:

bir daha asla bir şirkette çalışmamak. Bu kararı, son derece olumsuz bir tecrübeden sonra almıştım ve epey de öğretici oldu. On beş yıldır bu kararımdan dönmedim, ama bedeli de bazen çok ağır oluyor. Sonra, hayati olarak nitelendirilebilecek daha birçok karar aldığımı da fark ettim, çünkü her biri yaşamımı kökten değiştiriyordu.

Akşamları ve hafta sonları bilgisayar kullanmamak (gönderilecek birkaç e-postayı saymazsak). Bu benim için büsbütün yeni bir şeydi, çünkü on beş yıldır pazartesiden pazara, uyandığım andan yattığım ana kadar çalışan ve tatiller de dahil olmak üzere bilgisayarımdan bir an olsun uzaklaşmayan bir serbest çalışandım.

Bir daha asla hiç kimsenin ilgisini çekmeye çalışmamak. Eğer biri benden uzaklaşmak veya benimle arasına mesafe koymak istiyorsa, eskiden birlikte paylaştığımız hiçbir şeyi önemsemeden gitmesine izin veriyorum ve bana yeniden ilgi göstermesi için mücadele etmeye bir son veriyorum. Bu konuda araya bir karar daha sıkıştırmıştım: her zaman kibar olmayı bir kenara bırakmak. Bazen patavatsızlık etmek o kadar da büyütülecek bir şey değil, insan her daim kibar olamaz.

Günümün yarısını ekranlara değil, insanlara ayırmak. Bir başka deyişle, hoşuma gitmeyen işlerin yarısını kabul etmek ve kendime özgü yöntemlerimle yardım edebileceğim mümkün olduğunca çok insanla görüşmek.

Bilinçliyi bilinçsiz kılmak. Vardığım sonuç: Hayatım boyunca, içten içe aslında hiç istemediğim çok şey yaptım. Bir huzursuzluk ya da endişe hissetsem de sebebini hiç sorgulamadım. Kendinize bu soruyu sorduğunuz an, kaynağı bilinmeyen bu huzursuzluk hali bir bilinç haline dönüşmeye başlar. Böylece bunu anlayabilir ve ona göre davranırsınız. İşte gerçek değişim bu sayede başlar.

Francesc

Hayati kararlar aldığımızda, muhtemelen bilinmeyene doğru bir ilerleyişin başımızı döndürdüğünü hissederiz. Bu son derece normaldir! Aksine, asıl olduğumuz noktada kalmaya devam edersek, tek bir adım dahi atmadan yere yığılma riskimizi arttırırız. Bazı zamanlarda, çıktığımız yolculukları enine boyuna düşünmek ve yaşamın bize gönderdiği uyarı sinyallerini deşifre etmek gerekir, çünkü bu sayede (hem fiziksel hem de zihinsel olarak) ikigaimize yer açacak gerekli değişikliklere girişebiliriz.

Hayati kararlar için yol haritası çıkarmak

Kendi kararlarınızı kendiniz vermeye başladığınız zamandan bu yana, geçmişte aldığınız büyük kararları analiz etmekle başlayın. Bunlar çalışmalarınızla, yaşam felsefenizle, beslenmenizle, sosyal hayatınızla, cinsel yöneliminizle, önceliklerinizle vb. alakalı olabilir.

Şimdi de bu kararların günlük hayatınızda nasıl bir sonuca vardığını düşünün.

1. ....

Sonuç: ....

2. ....

Sonuç: ....

3. ....

Sonuç: ....

Bilinçli olarak aldığınız kararları ve bu kararların varoluşunuza yaptığı etkileri listelemeye devam edin.

Şu an güncel hayatınızda almanız gereken hayati kararları yazın. Ve adım atmanızı sağlayacak şekilde motive olmak için, bu kararların size sağlayacağı faydalı etkileri not edin.

1. ....

Sonuç: ....

2. ....

Sonuç: ....

3. ....

Sonuç: ....

Önceliği olan değişiklikleri tespit edene kadar yazmaya devam edin.

Listeye, geçmişte aldığınız veya şimdi alacağınız hayati kararları eklediğiniz halde on maddeye ulaşamadıysanız, endişelenmeyin. Bugünkü girişiminiz orta vadede, yaşamınızda devrim yaratacak diğer değişiklikler için yol gösterecektir.

25. Aşama: Gece Vardiyası

Düş makinesini etkinleştirin

Her gece gözlerimizi kapadığımızda bilinmeyen yerlere doğru yelken açarız. Bu tren bizi bilinmeyen yerlere ve hiç beklenmedik senaryolara götürür. Düşsel dünyanın nasıl işlediğini bilmiyoruz. Bu, insan zihninin gizemlerinden biridir. Bununla birlikte, düş makinemiz işlediği sırada meydana gelen her şey çok büyük bir öneme sahiptir, hatta bazen hem yaşadığımız an hem de geleceğimiz için belirleyici bir rol oynar.

Bilinçli rüyalar

Bilinçli rüyalar on yıllardır psikoloji, fizyoloji ve nöroloji uzmanlarının çokça tartıştığı bir konudur. Pek tabii, neredeyse hiçbir zaman kontrol edemediğimiz rüya alemlerinde gezinirken, rüyalarımız bize izin verdiği takdirde ne gördüğümüzün farkında olabiliriz. Bilinçli rüyaların varlığı uzun zamandır sayısız tanığın söylediklerine dayanmış olsa da, gerçek varlıkları yalnızca kısa süre önce bilim tarafından gözler önüne serilmiştir.

Bilinçli bir rüya sırasında, uyuyan kişi uyuduğunu ve bu uykunun içeriğini bilir, bu da ona bilinçaltının derinliklerinde dolaşmak gibi alışılmadık bir özgürlük tanır. Rüya sırasında canımızın yanmayacağının ve bu sayede onu sonuna kadar yaşayabileceğimizin farkında olmanın, bize ne gibi olanaklar sunacağını tahmin edebiliyor musunuz?

Rüya sırasında uyanmak

İnsanların yalnızca yüzde 20'sinin kısmen düzenli olarak bilinçli rüyalar gördüğünü göz önünde bulundursak bile, birçok faydasının yanı sıra, uyanık olduğumuzda nail olamadığımız cevapları keşfetmemizi sağlayan bu beyin kapasitesini uyarmak ve kamçılamak için bazı teknikler de mevcuttur.

Bilinçli rüyalar çalışmasının öncü isimlerinden olan Stanford Üniversitesi araştırmacısı Stephen LaBerge kariyerinin büyük bir bölümünü bu tarz rüyaların sırrını keşfetmeye adadı. Hastalarıyla birlikte yaptığı sayısız deney ve girişimler sayesinde, bu rüyaların öğrenme kapasitemizi geliştirdiğine ve dolayısıyla içimizde uyur vaziyette bulunan ikigaiyi teşvik ettiğine ikna oldu. *Bilinçli Rüyalar* adlı kitabında LaBerge, bir kadın hastasının gördüğü bilinçli rüyalar sayesinde hokey yeteneğini nasıl geliştirdiğini anlatıyor. Kadın, uyurken korkularını ve şüphelerini geride bırakmayı kabul ediyordu. Birkaç yıl sonra, bu sporcu aynı tekniği artistik patinaj yeteneğinde de uygulamaya karar verdi ve gelişen performansı sayesinde ünü bir hayli arttı.

Bir *oneironaut*[*] nasıl olunur?

Bilimin ortaya çıkardığı üzere, bilinçli rüyaların büyük bir bölümü paradoksal uyku denilen bir evre sırasında meydana gelir. Bu evre, beyin aktivitesiyle ve fiziksel aktivitenin en önemli olduğu evredir. Düşsel uyanıklığı serbest bırakan başlıca iki deklanşör mevcuttur:

1. Rüya sırasında beklenmedik veya bilinmeyen bir olay ortaya çıkar ve bu da uykuda olduğumuzu fark etmemizi sağlar. Örneğin, bize tanıdık gelen bir binadayızdır, ama gerçeklikten uzak ve alışılmadık bir detay ve unsur da söz konusudur. Böylece bilinçli olarak ve uykudaki zihnimizle etkileşime girme kapasitemizle rüya görmeye devam ederiz.
2. Dışarıdan gelen bir gürültüyle uyanırız ve aynı rüyaya hızla yeniden dalarız, ama bu sefer uyuduğumuzun farkındayızdır çünkü birkaç saniye önce uyanmışızdır.

Rüyada uyanıklığa eriştiğimizde, olasılıklar neredeyse sonsuzdur. Dünyadaki kaos ve stres yüzünden, hayatımızın geri kalan zamanlarında zihnimizin ulaşamadığı noktalara erişebiliriz. Bilinçli rüyalar bir korkumuzu yenmemize, yeteneklerimizi geliştirmemize, unutulan bir hatırayı hatırlamamıza veya birtakım kararlar alıp bunları test etmemize yardımcı olur.

Nobel Fizik ödüllü Richard P. Feynman, yaptığı birçok alıştırma sonucunda bilinçli rüya görmeyi nasıl başardığını anılarında anlatır: kendimizi gördüğümüz rüyaya kaptırdığımız sırada aklımıza gelen düşünce ve fikirlerin bilincinde olmak.

---

* İster doğal yollardan ister rüya yönetimi sanatıyla teşvik edilmiş olsun, bilinçli rüyalar gören kişilere denir.

"Uyuduğum sırada kendimi gözlemleme alıştırması yapmaya devam ettim. Rüya gördüğüm bir gece, rüyalarımdan biri sırasında kendimi gözlemlediğimin farkına vardım. Uyuduğum sırada büsbütün dalıp gitmiştim."

Richard P. Feynman

Rüya gördüğünün farkına vardıktan sonra Feynman, rüyasında nasıl hareket edeceğine bilinçli olarak karar verebilmeye başladı. Efsaneye göre bu yeteneği, bilimsel keşiflerinde ona yardım etmiş.

Rüyada düşünebilme yeteneğinizi keşfetme şansını yakalayabilirseniz ve uyuduğunuzun farkına varabilirseniz, bu kıymetli dakikaların keyfini çıkarın! İçinizde gizli kalmış derin bir bilgelik yolunu açacak, nadiren görülen bilinçli rüyalardan birindesiniz demektir. İkigainizin sırrı belki de bu yollardan birinde saklıdır…

Bilinçli rüyaları teşvik etmenin üç yolu

1. Uyumadan önce, düşlerinizin labirentinde bulmak isteyeceğiniz bir konuyu kâğıda yazın veya okuyun. Eğer şüpheleriniz varsa veya çözemeyeceğiniz bir sorunla karşı karşıya

olduğunuzu düşünüyorsanız, düş makinenizi etkinleştirmek için bunları kâğıda dökün.

2. Yalnızca nefesinize odaklansanız da birkaç dakikalık kısa bir meditasyon, düşler dünyasına çok daha bilinçli bir şekilde giriş yapmanızı sağlar.

3. Başucunuza bir defter koyun ve her sabah kalktığınızda son gördüğünüz rüyayı not edin. Rüyaları sistemli bir biçimde kaydetmek, onların varlığı konusundaki farkındalığınızı arttırır ve gece boyu tespit etmenizi sağlar. Ayrıca, uyumadan önce tuttuğunuz rüya kayıtlarını da okuyabilirsiniz.

26. Aşama: Enso

İçsel harmoni çemberi

Gerçek tutkumuzu bulmak ve onu geliştirmek için, zen felsefesinin de önerdiği gibi öncelikle kendi varoluşumuzun doğasını keşfetmemiz gerekir. O noktaya ulaşmak için, *şodo* (kaligrafi), *haiku* (şiir), *koan* (bilmece) veya meditasyon gibi vicdanımızda saklı kalmış şeyleri uyandırmamıza olanak tanıyan bazı teknikler mevcuttur. O ünlü "enso çemberini" çizmek, ikigaimizle her daim akış içinde olmamız için zihnimizi mevcut ana, kaçınılmaz bir duruma doğru yönlendirecek *şodo* zen tekniklerinden biridir. Teknik son derece basit olduğu kadar, bir o kadar da zordur: zihni özgür ve baskıdan uzak kılarak, elinizin tek bir hareketiyle çemberi çizmek.

Tekrar sanatı

Japon kaligraflar bu minimalist sembolü tek bir harekette çizerler, çizimlerinin mükemmel olması veya taşması çok da önemli değildir. Zaten mükemmel bir *enso* çemberi diye bir şey yoktur. Her biri farklı ve eşsizdir. İçe ya da dışa dönük çizilmiş de olabilirler, ama hiçbiri birbirine benzemez. Japonların *wabi-sabi* sanatına göre, gerçek güzellik mükemmellikten uzak olanda, geçici ve eksik olanda, doğanın yansımasında yatar.

"*Enso çemberi zihnin bir fotoğrafıdır, bilincin doğrudan gösterimidir. Enso sayesinde, kelimelerle mümkün olduğundan çok daha fazla şey ifade edebiliriz.*"

Şo Teramoto

Bu deneyimin riski, daha güzel veya daha çirkin çemberler çizmekte değildir. Asıl sorun sürecin tekrarlanmasında yatar. Savaş sanatlarında da aynı teknik söz konusudur: Basit hareketlerin tekrarı, hem bedensel hem de zihinsel olarak icra etmek istediğimiz sanatın etkili doğasıyla bir bütün olmamızı sağlar. Japonlar daha on sekiz yaşına gelmeden, birbirinden farklı yaklaşık iki bin kanji öğrenmek zorundadır. Bunun tek yolu da tekrara dayanır. Tek bir karakteri yazmayı öğrenmek veya bütün günümüzü *enso* çemberi çizmeye ayırmak için aynı taslağı yüzlerce kez tekrarlamak, batılı olan bizlere sıkıcı gelebilir. Ne var ki bu yöntem sayesinde, ikigainin olmazsa olmazlarından biri olan sabretme sanatına nail oluruz.

Bir *enso* çemberini gözlemleyerek, bu çizimden çok fazla şey öğrenebiliriz. Bu, kişiliğin bir yansıması, bizim boş alanımızın veya hiçliğimizin, yani *mu*'muzun bir aynasıdır. Tamı tamına çemberin bir formuna sahip olan yeni Apple dönemi Steve Jobs'ın son fikirlerinden biridir. *Enso*'dan ve zen pratiğiyle geçirdiği yıllardan ilham almıştır.

Kaligrafi evinde hırsızlık

Son egzersizde, *enso*'nun özünü anlatmaya devam etmeden önce, size Steve Jobs'ın hayran olduğu bir zen keşişinin, Ryokan Taigu'nun (1758-1831) hikâyesini anlatmak istiyoruz. Taigu münzevi bir hayat sürüyordu, kendini büsbütün kaligrafiye ve şiire adamıştı. Japon tarihinin en iyi kaligraflarından biri olarak görülüyordu. Çizdiği *enso* çemberleri bile bugün Kyoto'daki müzelerde sergilenmekte. Efsaneye göre bir gece keşişimiz evine giren bir hırsızı yakalar. Eşkıya bütün evin altını üstüne getirse de, değerli tek bir eşya bulamaz. Ryokan Taigu ona şöyle der: "Hiçbir şey almadan gidemezsin. En azından giysilerimi hediye olarak kabul et." Hırsız kabul eder ve evden gider. Çırılçıplak kalan keşiş pencereden gökyüzüne bakar ve kendi kendine şöyle der: "Zavallı hırsız, halbuki ona şu güzel Ay'ı sunabilirdim." Gecenin sonunda Ryokan Taigu kalemini ve Japon mürekkebini (*sumi-e*) eline alarak şu haiku'yu yazar:

盗人に取り残されし窓の月
ぬすっとに　とりのこされし　まどのつき

Hırsız en önemli şeyi unuttu:
penceremdeki
Ay'ı.

Enso çemberi nasıl çizilir?

Her şeyden önce, güzel ya da değil, bir çizim yapacaksanız kendinizi baskı altında hissetmeyin. Elinizi basitçe kımıldatın ve çemberi çizin. Bedene, kola ve ele yaratma özgürlüğü vermek için mantıksal herhangi bir düşünceden arınmak çok önemlidir.

1. Bir kalem ve siyah bir mürekkep (ya da basitçe koyu bir marker kalem de kullanabilirsiniz), ayrıca iyi kalite bir beyaz kâğıt satın alın.

2. Çizgiyi çekmeden önce derin bir nefes alın, mümkün olduğunca çok havayı içinize çekin ve dışarı salın.

3. Çemberi bir seferde çizin. Elin kâğıda dokunmasına gerek yok, çünkü hareket kolla yapılmalıdır. Profesyonel Japon kaligraflar (*şodoka*'lar) bir *enso* çemberi çizmek için bütün vücutlarını kullanırlar. Bazen oturarak bazen de ayakta yaparlar.

4. Eserinizin kâğıttaki haline baktığınızda, onu asla yargılamayın. Çember içe veya dışa dönük; simetrik veya asimetrik olabilir. Bunun çok önemi yok!

5. Yeni bir çember çizin.

Not: Bir *enso* çemberi çizmek, örneğin günlük yazmak gibi zihin boşaltma ritüellerinin başını çeken bir uygulamadır, bu sayede duygularınız çok daha özgürce akar ve siz de onları not edebilirsiniz.

27. Aşama: Koan

Yanal düşünmenin gücü

Japon kültürü, tıpkı *enso* çemberi eğrisi gibi yılankavi yolları sever. Maneviyata dayalı derslerde, öğretmenler ezbere yönelik talimatlar vermek yerine, çırak kendini daha iyi geliştirebilsin diye çok daha gizemli yollara başvururlar.

Zen felsefesinde kullanılan araçlardan biri de *koan*'dır. Klasik düşünce şemalarını yerle bir ederek, öğrencinin zihninde yanal düşünmeyi etkinleştirmesi beklenen şaşırtmalı bir sorudur bu. Bu felsefi bilmeceler sayesinde, zihnimizi *satori*'ye, yani şimşekvari bir ilhama doğru itecek paradoksal soruların da yardımıyla, bilinçaltımıza gireriz. Mantıksal düşüncenin bir çözüm üretmediği durumlarda, (çoğu zaman en az soru kadar şaşırtıcı olan) cevap genellikle öğrencinin zihninde rasgele belirir. *Mondo*'lar ise, tıpkı aşağıda gösterildiği gibi, bir zen ustasıyla onun çırağı arasındaki bu özel konuşmaları tasvir eder.

Bir keşiş ustasına şöyle der:

– Yol nedir?

– Ne kadar güzel bir dağ, diye cevaplar onu usta.

– Dağdan bahseden kim, ben sana yolu sordum, der keşiş.

– Şu dağ kadar uzaklara gitmedikçe, o yola asla ulaşamazsın, diye cevaplar usta.

Bir içe bakış çalışması

Keşiş ile usta arasındaki konuşma birçok şekilde yorumlanabilir. Keşişin ustasına yanıt vererek onunla konuşmaya devam etme isteğini hissederiz. Zen manastırlarında usta, çırağına birkaç gün üzerinde yoğunlaşması gereken ve bir meditasyon aracı olarak kullanacağı tek bir *koan* verir. Bazı keşişler tek bir *koan* için yıllarını harcarlar. Bu aktivite inceleme çalışmalarından çok, bir içe bakış çalışması olarak ortaya çıkar. Öğrenci yanal bir düşünme, bir sezgi geliştirdiğinde, zihninde bir şimşek çaktığında ustasının yanına giderek onunla *dokusan* denilen bir danışma seansı yapmak istediğini söyler. Usta seans sırasında öğrencisinin hazır olduğunu hissederse, ona yeni bir *koan* verir. Öğrenci henüz hazır olmadığı zaman aynı *koan*'a devam etmek durumundadır. Zen felsefesine göre, mantıklı düşünce bizi evrenin başlıca doğasından uzaklaştırır.

Yanal Düşünme mi, Yoksa Dikey Düşünme mi?

"Şaşırtıcı derecede basit bir çözümün aniden ortaya çıktığı ana kadar herkes, çözülmesi imkânsız gibi görünen bir sorunla karşı karşıya gelmiştir. Doğru dürüst düşündüğünüzde, çözüm o kadar basittir ki, bu sonuca ulaşmak için neden bu kadar zorlandığınızı bir türlü anlayamazsınız. Dikey düşünme şekli kullanılırsa, bu tarz bir sorunun çözümü elbette zor olabilir. Oysaki yanal düşünme, yalnızca sorunun çözümüne odaklanmakla kalmaz, aynı zamanda unsurlara farklı açılardan bakabilmemizi ve her türlü yeni fikri göz önünde bulundurmamızı sağlar."

Edward de Bono, *Lateral Thinking (Yanal Düşünme)*

Koan için geçerli olan cevaplar çok çeşitli olabilir: ustaya tokat atmak, rüzgârın titrettiği bir dalın hareketini taklit ederek elini kımıldatmak veya *koan*'ın yazılı olduğu kâğıdı yırtmak gibi. İyi ya da kötü cevap yoktur. Çözüm ne kadar yaratıcı ve mantıktan ne kadar uzak olursa, öğreniminin daha da artması için çırağın zihninde o oranda bir *klik* hissi yaratır.

Başlangıç seviyesindekiler için birkaç *koan* önerisi

Bu soru listesi yanal düşünmenin gücünü keşfetmek için son derece iyi bir yoldur.

- Tek elle yapılan alkış nasıl bir ses çıkarır?
- Köpeğin neden bütün gece havlıyor?
- Buda'yla tanışacak olursanız, onu öldürün!
- Bir kuş neden uçmaz?
- Doğmadan önce yüzümüz neye benziyordu?
- Çölde su çok olur. O halde su nedir?
- Tek boynuzlu bir atı nasıl kurtarırsın?

Koan pratiği

Aşağıdaki egzersizleri yapın.

1. Yukarıdaki listeden bir bilmece seçin.

   ....

2. *Koan*'da bahsi geçen kavramları analiz edin.

   ....

3. Telkin edilen eylemi analiz edin.

   ....

4. Bırakın, *koan* eylemi ve unsurları sezgisel bir cevap meydana gelene kadar bilinçaltınızda süzüledursun. Cevabı bulmak için acele etmeyin. *Koan* içimizde ekilmiş bir tohuma benzer. Serpilmek için zamana ihtiyacı vardır.

   ....

Size gereken zamanı *koan* ile yaşayın. Günün stresli geçen zamanlarında, ana odaklanmak ve ona bir anti-stres kaynağı muamelesi yapmak için *koan*'ı bir meditasyon aracı olarak kullanabilirsiniz.

Yaklaşık on iki *koan* pratiğinden sonra, kendinizinkileri oluşturabilirsiniz. Peki, bunu neden işyerinde ekip olarak veya arkadaş grubunuzla, sırf yanal düşünme gücünüzü etkinleştirmek adına bir beyin fırtınası seansı öncesinde yapmayasınız?

28. Aşama: Mindfulness

Farkındalık egzersizleri

Mindfulness bir akış yakalamamızı, o akışta kalmamızı ve yapmak üzere olduğumuz şeyi derinleştirmemizi sağlar. Bu, ikigaimizi çalıştırmak için epey etkili bir teknik olan yanal düşünmeyle mümkün olur. Bu kavram batıya çok kısa zaman önce gelmiş olsa da, doğudaki meditasyon okullarında tam iki bin yıldır uygulanan bir yöntemdir. *Mindfulness*, yani farkındalık, sakin ve tüm önyargılarımızdan arınmış bir şekilde duygu ve hislerimizin, düşüncelerimizin ve bedenimizin tüm hareketinin farkında olduğumuz bir şimdiki zamanda uyanık olma halidir. Özetle, mevcut anın farkında olduğumuz ve kendimizi yalnızca o ana adadığımız bir uyanıklık halidir bu. Çok tuhaf görünse de bu, zamanın büyük bir bölümünde içinde bulunduğumuz bir durum değildir. Acelecilik, yükümlülükler ve çevremizdeki gürültü bizi sıklıkla kendi eylemlerimizden uzaklaşmaya iter.

"Hiç durmaksızın, oto-pilot her daim çalışır vaziyette yol alırsak, yalnızca bizim için en önemli olanların farkına varabiliriz. Örneğin, 50 ila 60 yaşındaki birçok insan, çocukları henüz küçük olduğu yıllarda onlarla çok ilgilenemedikleri için pişmanlık duyar. Çünkü o dönemde ya işleriyle fazlasıyla meşgullerdi ya da kendi yaşadıkları her şeyin çocuklarının da başına geleceğini varsayıyorlar ve bunun ne kadar acı verici olduğunu unutuyorlardı."

Sharon Salzberg

Şimdiki zamanın jimnastiği

Geleceğimizin geçmişin pişmanlıklarıyla lekelenmesini önlemenin en iyi yolu mevcut ana odaklanmaktır. Bu, farkındalığı arttırarak hedeflediğimiz bir şeydir. Eğer ikigainizi keşfettiyseniz, beş duyunuzu sanki hayatınız buna bağlıymışçasına onun hizmetine sunun. Geri kalan her şeyi bir kenara koyun. İzin verin bütün dünyanız tutkunuz olsun ve onu yaşarken zaman kavramını unutun. Ikigainizi henüz keşfedemediyseniz, oyuncu kişiliğinizi ve hayat sevincinizi göz ardı etmeden kendinizi onu keşfetmeye adayın. Rahibe Teresa'nın da dediği gibi, "Mevcut anda mutlu olmak, yeter de artar bile. Her geçen dakikadır ihtiyacımız olan tek şey, daha fazlası değil." Eğer her anın eşsiz olduğunun farkına varırsanız, mutluluk peşinde koşmanıza gerek kalmaz. Üstat Osho'ya* göre, kişinin mevcut ana odaklanması için yapacağı en iyi egzersiz, herhangi bir gayeden yoksun ve kapıları her türlü beklentiye kapalı bir zihinsel evreye girmesiyle mümkündür.

* Gerçek adı Rajneesh Chandra Mohan Jain (1931-1990) olan Osho bir zen ustası, sufi ve tantracıydı.

Dört *mindfulness* gelişimi egzersizi

1. İnsan heykeli

Oturarak ya da ayakta, tamamen sessiz bir şekilde vücudunuzun her bir noktasının farkına varın. Hiç kıpırdamayın ve dikkatinizi kaslarınıza verin.

2. Beş duyu, beş duygu

Bu egzersiz sayesinde, etrafınızda olup biten her şeyi bilinçli bir şekilde algılamaya başlayacaksınız. Şu an, beş duyunuz sayesinde tecrübe ettiğiniz beş duyguyu düşünün.

3. Yavaş ilerleyiş

Bu egzersiz, işleri mümkün olduğunca yavaş yapmaya dayanır. Örneğin, sofradayken tabağınızdaki yemeği yavaşça tadın, görüntüsünü ve kokusunu irdeleyin, size verdiği tokluk hissini takdir edin.

4. Adınızı söyleyin

Bu egzersiz, düşüncelerinizin farkındalığını açığa çıkarmanızı sağlar. Olumsuz düşüncelere kapıldığınızı, kaygı duyduğunuzu ya da dalgınlaştığınızı fark ettiğiniz zamanlarda isminizi söyleyin. Böylece mevcut ana geri döner ve biraz önce başka diyarlarda olduğunuzu fark edersiniz.

29. Aşama: Serendiplik

Mutlu tesadüfler

Hayattaki en güzel şeylerin, tarihe iz bırakan keşifler de dahil, tesadüf eseri gerçekleştiği gerçeğini hiç düşünmüş müydünüz? Bu bölümde, serendiplikten bahsedeceğiz. İngilizce bir kelime olan *serendipity* ilk kez 17. yüzyılda, Britanyalı yazar Horace Walpole tarafından bir arkadaşına yazdığı mektupta duyulmuştur. Walpole arkadaşına, *Serendip'in Üç Prensi* isimli bir İran masalında geçen karakterlerin durmadan seyahat ettiklerini ve tesadüfen yeni şeyler keşfettiklerini anlatmıştır. Bu üç prens şansın, görkemli şatolarından çıkıp da önlerine düşmesini beklemeyeceklerdir. Hayatlarını, başlarına güzel şeyler geleceğini ümit ederek geçirmek istememişlerdir. Cesur ve aklı başında üç prens, işler her zaman umdukları gibi gitmese de asla vazgeçmemiş ve şansın peşinde koşmaya devam etmişlerdir.

"Bir şey ararken başka bir şey keşfedin ve keşfettiğiniz bu şeyin, aradığınızı düşündüğünüz şeyden çok daha faydalı olduğunu bilin."

Lawrence Block

Serendiplik bir sihirden ibaret değildir

Bilimcilerin de dahil olduğu topluluklarda, büyük keşiflerin birçoğu şans eseri ortaya çıkmıştır. İçlerinden en ünlüsü hiç kuşkusuz Alexander Fleming'in penisilini keşfetmesidir. Doktor, tatile çıkarken laboratuvarındaki petri kaplarını içlerindeki stafilokok adlı bakterilerle öylece bırakmıştı. Geri döndüğünde bütün kaplarını küflenmiş bir vaziyette buldu. Bu küf, meslektaşlarından birinin üzerinde çalıştığı mikroskobik bir mantardan üremişti. Bu küfü temizlediği sırada, stafilokokların küf kolonilerinin yanında üremeyi kestiğini fark etti. Bu olayı görmezden gelmek yerine analiz etti ve bunun sebebinin, daha sonra "penisilin" olarak adlandıracağı, mantarların salgıladığı bir madde olduğunu keşfetti. Mevcut ilaç firmaları planlı bir çalışmanın her zaman en iyi sonucu vermeyeceğinde hemfikir oldular. Ve artık serendiplik olasılığını arttırmak için, araştırma tekniklerine beklenmedik ve rasgele gerçekleşen olayları da dahil ediyorlar.

Serendiplik bir sihirden ibaret değildir. Fleming petri kaplarını öylece çöpe atmış olsaydı ne olacaktı? Yaşamımızın bir bölümünü temsil eden serendiplik, dikkatimizi çevremizde gerçekleşen şeylere, özellikle de alışılmamış olaylara vermemizi gerektirir: yalnızca görünüşte öyle olduğunu varsaydığımız hatalara, *a priori* faydalı olmayan fırsatlara... Bunlar belki de hiçbir zaman faydalı olmayacaklar, ama en azından göz önünde bulundurmamız gerekir, öyle değil mi?

Bilinmeyene kapı açın

Daha önce birinin sizi davet ettiği bir seyahate çıkmayı reddettiğiniz oldu mu? Bir müşteri tarafından çağırıldığınız araştırma laboratuvarına çok meşgul olduğunuz için gitmediğiniz oldu mu? Davet edildiğiniz bir etkinliğe ya da kutlamaya katılmak istemediğiniz oldu mu? Belki de daha sık "evet" demelisiniz. İçinizdeki ikigaiyi tetikleyecek ilhamı nerede bulacağınız hiç belli olmaz.

Serendiplik karşı karşıya geleceğinizi hiç düşünmediğiniz şeyleri keşfetmenizi sağlar. Hepimiz bilinmeyenden kaçma ve rutinimizi sürdürerek güvende hissetme eğilimi gösteririz. Ama konfor alanımızdan çıkmazsak, farkında olmadan bildiğimiz şeyleri hiçbir zaman keşfedemeyiz. Burada kilit nokta, beklenmedik olayların ortaya çıkması için olasılıkları arttırmak ve elverişli durumlar yaratmaktır. Serendipliği ortaya çıkarmak için en iyi yol, bir yandan "Hey! Ben buradayım, buradaki benim ve işte bu benim sevdiğim şey, bu da yaptığım şey!" diyerek kendimizi gösterirken, bir yandan da dünyaya birtakım işaretler göndermek ve niyetimizi sorgulamaktır. Eğer bütün gününüzü evden çıkmadan televizyon izleyerek geçirirseniz, ne yanınıza gelen biri olur ne de başınıza gelen bir olay. Eğer bir fincan kahve içmek için hiç kimseye haber vermeden dışarı çıkarsanız, tek başınıza gazete okumakla kalırsınız ve hiçbir olay olmaz. Serendipliği desteklemek her an dinamik olmayı gerektirir. Mutlu bir tesadüfün oluşması için yeterli derecede öngörülemeyen veya kontrolden çıkmış unsurları olan durumlar yaşamak istiyorsanız şayet, harekete geçmeniz ve aktif olmanız gerekir.

Kazançlı Bir Ziyaret

Steve Jobs, yalnızca Macintosh'u bu kadar başarılı kılan grafiksel kullanıcı arayüzünün mucidi değildi. Merakı ve her zaman faal oluşu, onun gerekli bilgiye ulaşmasını ve yeni bir kavram yaratmak için gereken bütün bilgileri bir araya getirmesini sağladı. Ayrıca, tıpkı Xerox PARC'ın laboratuvarlarına davet edildiği gün gibi, doğru anda doğru yerde olması da cabasıydı. Meslektaşları gitmesi için Jobs'ı zar zor ikna ettiler, çünkü söz konusu şirketin yaptığı işlere en ufak bir ilgi duymuyordu. Çoktandır kafasında olan bir dizi fikri bağdaştırmasını sağlayacak kıvılcım bu ziyareti sırasında keşfettiği teknolojik gelişmeler sayesinde oldu ve bu da bilgisayar tarihini sonsuza kadar değiştirdi.

Serendipliğe doğru üç yol

Serendipliği teşvik edecek teknikleri üç büyük kategoriye ayırabiliriz.

1. **Etrafınıza sinyal gönderin.** Yaşadığınızı ilan edin ve hem düşündüklerinizi hem de yaptıklarınızı ifade edin.
2. **Yaşamınızda öngörülemeyene yer açın.**
3. **Dünyayı dolaşın.** Doğru zamanda doğru yerde olmak en önemli şeydir.

İşte size etrafınıza, bir serendiplik yaratmanıza yardım edecek sinyaller göndermeniz için birkaç tavsiye...

- **Sosyal ağlarda yayınlayın.** Kullanıcıların yüzde birinden de azı internette içerik üretiyor. Eğer zaten sosyal medyada içerik yayınlıyorsanız, yüzde 99'un üzerindesiniz demektir. Düşüncelerinizi yazın, en son izlediğiniz film hakkındaki fikirlerinizi paylaşın ya da gittiğiniz ilginç yerlerin fotoğraflarını paylaşın.
- **Sevdiğiniz bir kitabın yazarına e-posta gönderin ya da son izlediğiniz filmin yapımcısına sosyal ağlar üzerinden bir mesaj atın.** Herhangi bir cevap alamasanız da onu mutlu etmiş olursunuz ve size minnettar kalır! Bir de cevap verdiğini düşünsenize!

- **Kendinize bir kartvizit bastırın** (Japonya'da kişinin bir kartviziti olmaması anlaşılamaz bir durumdur) ve ikigainize katkıda bulunabilecek herkese verin. Eğer birinden bir kartvizit aldıysanız, o kişiye ertesi gün e-posta gönderin.
- **Birine yardım etmeyi teklif edin.** Bu kişi normalde böyle bir teklif götürmeyeceğiniz biri olsun.
- **Birinden bir konuda yardım isteyin.** Bu, genelde yardımsız da yapabileceğiniz bir konu olsun.

İşte size, yaşamınızda öngörülemeyene yer açmanız ve beklenmedik başarılara daha çok şans vermeniz için birkaç tavsiye...

- **Bir akşam yemeği organize edin.** Birbirlerini tanımayan arkadaşlarınızı davet edin.
- **Çok az tanıdığınız bir arkadaşınızla bir kafede irtibata geçin,** ama bu kişi ileride çok sıkı dost olacağınızı hissettiğiniz biri olsun.
- **Birbirini tanımayan iki kişiyi buluşturun,** aralarında bir kıvılcım olacağını düşünüyorsanız tabii.
- **Bir parti organize edin.** Temasının çok şaşırtıcı olmasına dikkat edin.
- Eğer bir şirkette müdür pozisyonunda çalışıyorsanız ve serendipliği arttırmak istiyorsanız, **çalışanların daha çok kaynaşması için ortamı değiştirin.** Çalışanların daha rahat hissedeceği ve hem konuşmaya hem de fikir alışverişinde bulunmaya daha çok vakit ayıracakları bir mola alanı yaratın. Apple halka şeklindeki (tıpkı *enso*

bölümünde gördüğümüz gibi) yeni genel merkezini, çalışanlar farklı departmanlar arasında adımlasınlar diye inşa etti. Steve Jobs ölmeden önce, çalışanlar rasgele karşı karşıya gelsinler diye mimarlardan en iyi tasarımı yapmalarını istemişti.

- **Çok da ilgi duymadığınız kişi veya medya kuruluşlarını sosyal medyada takibe alın.** Genel olarak aldırış etmediğiniz konular hakkında konuşan sitelere bakın. Görünüşte alakasız olan temalara odaklanmak, zihninizde yaratıcı bağlantılar kurma olasılığınızı arttırır.
- **Size çekici gelmeyen bir kitap okuyun.** İster konusu, ister türü bakımından.
- **Yeni bir disiplin öğrenin.** Yeni yetenekler edinin, yabancı bir dil öğrenin, bir spor dalıyla ilgilenin. Bu yetiler zamanı geldiğinde size fırsat kapıları açacaktır.

İşte size dünyayı dolaşmanız ve doğru zamanda doğru yerde bulunarak olasılıklarınızı arttırmanız için birkaç tavsiye...

- **Daha sık seyahat edin.** Bunu arkadaşlarınızla yapmak ya da kendinizi bölgenin yerelliğine kaptırmanıza yardım edecek arkadaşlarınızın yaşadığı yerlere gitmek çok daha iyi olur.
- **Kısa mesafelere gitmek için araba veya toplu taşıma aracı yerine yürümeyi seçin.** Böylece etrafınızda olan bitene daha iyi odaklanırsınız.
- **İşe giderken farklı bir yol tercih edin.**
- **Daha önce hiç denemediğiniz bir restorana gidin.**

30. Aşama: Random Acts of Kindness

Kibarlığınızı konuşturun

Rasgele iyilik hareketi olarak tercüme edilen *random acts of kindness* (RAK) terimi ilk kez 1980'lerin başında, diğer insanların motivasyonlarını arttırmalarını sağlayan eylemlere atıfta bulunmak amacıyla yazar Anne Herbert tarafından kaleme alındı. RAK, birine gülümsemek veya nadiren iletişim kurduğunuz bir kişiye iltifat etmek gibi basit bir eylem olabilir. Veya bir toplulukta gönüllü olmak gibi daha karmaşık bir iş de olabilir.

Bir iyiye karşılık, bir kötü

Anne Herbert'in yazdığı *Random Acts of Kindness and Senseless Acts of Beauty* adlı kitap Japonya'nın Matisse'i olarak görülen Mayumi Oda tarafından resmedildi. İllüstrasyonlar, hayvanların Hiroşima'dan sonra siyah yağmurun altında nasıl öldüklerini gösteriyor. Kediler, yılanlar, tavşanlar, kurbağalar, geyikler yavaş yavaş organize oluyor ve her biri diğer türlere yardım etme konusunda ufak ama fedakâr bir görev üstleniyor. Biri ağaç dikiyor, beriki patates ekiyor, diğerleri yemek arıyor, bu büyük nükleer felaketten sonra insanları yeni bir hayata başlamak için teşvik etmek isteyen sincaplar gece gündüz şarkı söyleyip dans ediyor. Bu hikâyeden çıkarılacak ders, şiddet ve öfkeye aynı silahlarla karşı konulmaması gerektiğidir, aksine bu kavramlarla, bizi savaşın tam tersi durumuna götürecek rasgele iyilik ve kibarlık hareketiyle savaşılmalıdır.

"Ne verirsen ver, aslında kendine verirsin.
Vermediğin her şeyi, aslında kazanmış olursun."

Alejandro Jodorowsky

Küçük jestlerin yüceliği

Ankete dayalı sayısız araştırma kibar insanların çok daha mutlu olduğunu ortaya koymuştur. Diğerkâmlık seviyemiz ile kişisel hoşnutluğumuz arasında doğrudan bir bağlantı vardır. Doğal felaketler ne yazık ki Japonya'da sıkça karşılaşılan olaylardır. Ülke sakinlerine yardımlaşmanın önemini hatırlatır, üstelik bunlar, herkes tarafından yapılan ufak tefek yardımlar olsa da. Nisan 2016'da meydana gelen bir deprem sonucunda, Kumamoto'nun birçok köyü yerle bir oldu ve çok sayıda can kaybı yaşandı. Arkadaşlarımızdan biri olan, Tokyo'nun efsanevi mühendisi Kiyota, bunun üzerine iki hafta işe gitmemeye karar verdi. Kumamoto trenine atladı ve kalacak yerleri olmayan insanlara bedavaya sıcak kahve dağıtan bir stand açtı. Bu stand sosyal medyada öyle çok konuşuldu ki, bu fırsatı depremzedeler için çevrimiçi bağış toplamak için kullandı. Kısa zamanda birkaç bin euro para toplamayı başardı. Üstelik her şey çok basit bir eylemle başlamıştı: sadece kahve dağıtarak.

Bazen, ne pahasına olursa olsun dünyadaki bütün sorunları çözmeye çalışarak hayatı kendimiz için epey zorlaştırırız, ama aslında çözüm kalbimizde bir yerlerde yatar; kibar olmak ve olayları akışına bırakmak. Henüz ikigainizi bulamadıysanız, topluluklara yardım edebilir ve bunu kendi görevinizmiş gibi benimseyebilirsiniz. Eğer bulduysanız bile, tutkularınızı da işin içine katarak dünyayı daha iyi bir yere nasıl dönüştürebileceğinizi düşünün.

Rasgele iyilik hareketine dair fikirler

Tıpkı insanın ihtiyaç duyduğu şeyler gibi, olasılıklar da neredeyse sınırsızdır. Burada verdiğimiz RAK listesi, yaşamınıza manevi bir boyut katmak için size bir başlangıç noktası sunuyor.

- Size kahvenizi veren kişiye gülümseyin.
- Size bir konuda yardım eden iş arkadaşınıza bir teşekkür notu yazın ve masasının üzerine koyun.
- Bir arkadaşınıza yeni saç kesiminin çok yakıştığını veya çok güzel göründüğünü söyleyin.
- Bazen onu ne kadar çok sevdiğinizi söylemeyi unuttuğunuz yakın bir arkadaşınıza sevgi dolu bir mesaj gönderin.
- Bir sokak müzisyenine para verin.

- İşyerinizde çalışan temizlik veya resepsiyon görevlisine bir fincan çay ya da kahve ikram edin.
- En yakın dost çevrenizle bir kadeh bir şeyler içmeye çıkmak yerine, bu etkinliği çok daha utangaç ve yalnız olanlarla yapmayı deneyin. Buna en çok, onların ihtiyacı var.
- Sıkça tartıştığınız bir kişiden özür dileyin.
- Güvendiğiniz bir kuruma bağış yapın.
- Sevdiğiniz bir kitabı satın alın ve bir arkadaşınıza armağan edin.
- Sizden sorumlu kişiye çalışma şeklini çok beğendiğinizi söyleyin. Müdürler iltifat duymaya alışkın değildir, daha ziyade eleştirilirler.
- İşyerinden bir gün izin alın ve o günü morali bozuk bir arkadaşınızla veya aile üyelerinizle unutulmaz bir seyahate çıkmak için kullanın.

31. Aşama: Dokunmak

Dokunmanın önemi

Birini kollarınıza alıp da ona sarılmayalı ne kadar oldu? Bedenimizin ve ruhumuzun, enerjiyi arttırması ve hedeflere ulaşmayı kolaylaştırması için bu tarz bir besine ihtiyaç duyduğunu hiç düşünmüş müydünüz? Toprağa yakın, doğal bir yaşam sürmeye devam eden birçok kabile, dokunmanın da tıpkı görmek ve duymak kadar önemli bir duyu olduğunu bilir. Diğer insanlarla yapılan fiziksel temas ruhumuzu beslemek için gereken kaçınılmaz bir sevgi kaynağıdır. Batıdaysa tam tersi işler; temas kurmak için her zaman çok daha isteksiz davranırız. Başka bir insana dokunma eylemini birçoğumuz, cinsellik veya samimiyet olarak addeder. Tanımadığımız insanların elini sıkmaktan kaçınmamızın veya onlardan uzak durmamızın sebebi belki de budur.

"Temas kurma açlığı, yalnızca ufak bir grup insanın muzdarip olduğu bir sıkıntı değildir, bu artık küresel bir sıkıntıya dönüşüyor. Gerçekleştirilen bu eylemin nadirliği ve kime, nerede ve

yapılış şeklinin nasıl uygun olacağı konusu herkesi ilgilendiriyor. Dokunulmaya ihtiyacınız olup olmadığını bilmeseniz de, birkaç yıldır samimi bir ilişkiye girmemiş ve fiziksel temasın yalnızca cinsellikten ibaret olduğunu düşünen bir bekâr olsanız da, sizi nasıl karşılayacağınızı bilmediğiniz bir biçimde sevmek ve size dokunmak isteyen bir aileye veya çocuğa sahip olsanız da, sizi etkileyen bir temas ya da temassızlık mutlaka vardır."

Mariana Caplan, *To Touch is to Live: the Need for Genuine Affection in an Impersonal World*

Başlıca bir duyu

Felsefe, psikoloji ve antropoloji doktoralı araştırmacı Mariana Caplan, dokunmanın ve başkaları tarafından dokunulmanın önemini bilimsel veriler ışığında gözler önüne sermiştir. Fiziksel temas bizim küçüklüğümüzden itibaren takdir etmeyi, sakınmayı ve saygı duymayı öğrendiğimiz bir şeydir. Çocukluğumuzda buna maruz kaldıysak veya bunu bir zorunluluk olarak gördüysek (yanaktan alınan sevimsiz bir makas veya aile dostlarına verilen zoraki öpücükler gibi), yetişkinlik dönemimizde böyle bir temasla karşı karşıya kaldığımızda buna isteksiz olmamız mümkündür. Üstelik bu tutumu farkında olmadan çocuklarımıza aktaracak olmamız da mümkündür. Yine aynı şekilde, çocukken başkalarından pek şefkat görmemişsek, büyüdüğümüzde fiziksel temas bizi rahatsız edecek ve güvensiz hissetmemize sebep olacaktır.

Romanya'nın Çocukları

Fransız nöropsikiyatrist Boris Cyrulnik, 1970'lerdeki Çavuşesku rejimi sırasında Romanya'da bir yetimhanede bırakılan bir grup çocuğu örnek vererek gerçek bir şefkat görmenin faydalarından bahseder: "Bu çocuklar son derece saçma bir milli politika uğruna terk edildiler. Kadınlar, büyütemeyecekleri çocuklar doğurmaya zorlandılar. Yetimhaneler hıncahınç doldu ve çocuklar tek başlarına bırakıldı. Sağlıklı doğmuş olsalar bile yarısı hastalandı. Fiziksel temastan yoksun bırakıldılar ve bu da onların fiziksel ve psikolojik gelişimlerini gözle görülür biçimde yavaşlattı. Otistik davranışlarda bulunmaya başladılar. Muayene edildiklerindeyse beyin atrofisi bulgularına rastlanıldı. (...) İşe, yetimleri koruyucu ailelerin yanına vererek başlamaya karar verdik. Bir yıl içinde, beyin atrofisi bulguları meydana gelen nöronal dayanıklılık olgusu sayesinde kayboldu: Başkalarıyla konuşmak, onlara dokunmak, beslenmek, meydan okunulmak veya ödüllendirilmek beyni ve hormonal salgıyı kamçılamıştı."

Dokunmayı en baştan öğrenmek

Başkalarına bağlandığımızı hissetmek duygusal sağlığımız için çok önemlidir. İşte bu yüzden başkalarıyla dostane, sağlıklı ve kaygısız ilişkiler kurmayı öğrenmek büyük bir önem teşkil eder. Bu, gerçekten değer verdiğimiz insanlara sevgi göstermek demektir; sokakta durup da insanlara karşılık beklemeden sarılmak değildir; üstelik bu *free hugs* akımının birkaç yıl önce son derece moda olmasına rağmen. Fiziksel teması doğal bir şey olarak tecrübe eden insanlar özgüven ve huzur bakımından kazançlı çıkarlar. Mariana Caplan'ın dediği gibi, "İnsanlar yaşadıkları fiziksel temas ve sevgi bolluğu sayesinde sevildiklerini hissettiklerinde, ister basitçe bir kucaklama ister sırta konan dostane bir el olsun, başkalarına dokunmak onlara son derece normal gelir. Kendinden emin bu insanlar, ne pahasına olursa olsun, en ufak bir talepkarlık göstermeden başkalarından gelen bir harekete karşılık vermeye meyillidirler. Kendine güven duyguları ve içsel dengeleri başkalarının vereceği karşılığa bağlı değildir. Yalnızca kendilerini ifade etmek için dokunurlar ve başkalarına, onları sevdiklerini bildirirler."

Arkadaşlarınıza ve sevdiklerinize dokunmayı öğrenmeyi hedef listenize eklerseniz pişman olmazsınız. Başta kendinizi rahat hissedemezseniz işe el sıkışmakla, sırta hafif bir el dokunuşuyla veya elinizi sevdiklerinizinkinin üzerine koyarak başlayabilirsiniz. Kendinizi kısa zamanda çok daha iyi hissedeceksiniz, üstelik sevginizi gösterdiğiniz insan da size minnettar kalacak.

Hayatınıza dokunuş katın

Dokunma, en çok kaçındığımız duyumuzdur. Dokunma duyusunun yaşamımızda kaybettiği yeri ona birkaç basit hareketle geri verebiliriz.

1. Çok aceleniz olsa dahi, partnerinize veya ailenize bir öpücükle ya da bir kucaklaşmayla merhaba ve hoşça kal demeyi alışkanlık haline getirin.
2. Bir ilişkiniz varsa, partnerinizin elini sıkıca tutun, böylece bedenleriniz bu tarz bir samimiyet sayesinde iç içe geçmiş olur ve o anı her daim hatırlar.
3. Uzun zamandır görüşmediğiniz bir arkadaşınızla karşılaştığınızda ona sarılın.
4. Yakınlarınıza tatlılıkla, şefkatle ve minnetle yaklaşın. Aşırı ilgi gösterdiğinizi belli eden kelimeler de işe yarar.

32. Aşama: Kararsızlık

En iyi plan, hiç plan yapmamaktır

Şimdi gözlerinizi kapatın ve nereye gittiğini hiç bilmediğiniz bir trene bindiğinizi hayal edin. Ne hissediyorsunuz? Bilinmedik bir şeyle karşılaşacağınız için mutlaka endişe duyacaksınız, ama bu duygu yerini hızla yepyeni bir macera yaşamanın verdiği heyecana bırakacak.

Ruhen sürekli bir çatışma halindeyiz, özgürlük hevesi ile öz-denetim ihtiyacı arasında sıkıntıyla gidip geliyoruz. Kararsızlığa düştüğümüzde stres oluyoruz; fazla kontrollü olduğumuzda baskılanmış hissediyor ve rutinden kaçmak istiyoruz. Kontrol ve kararsızlık arasında, kendimizi huzurlu hissettiğimiz bir denge yakalamak, insan olmanın başlıca özelliğidir.

Gerçek Gezgin

"Tüm bu Japon seyahat rehberlerinin yalnızca restoran adresleri vermesini çok garip buluyorum," diyorum Japonlar için bir Hawaii rehberi bulmaya çalışırken.

"Yalnızca önemli bina ve yapıları gösteren batılı seyahat rehberleri bu konuda çok daha iyi," diyor iş arkadaşım Toyoda.

"Ha ha! Sizin aklınız sadece yemekte!"

"Eğer bütün enerjini, seyahatinin her dakikasını planlamak için harcarsan keşfetmeye ve yerel halkla tanışmaya vaktin kalmaz. Sanki zorunlu bir listeyi bitirmek istiyormuşçasına, rehberlerde görülen o ünlü yerlerin fotoğraflarını çekmek için şehrin altını üstüne getirmek yerine, tutkuları beslemek için seyahat etmek çok daha iyidir," diye açıklıyor Toyoda. "Benim tutkum da yemek yemek!"

"Sanki bir Pokemon koleksiyonu yapıyormuş gibi, ünlü yerleri fotoğraflamak Avrupa'ya seyahat ettiğiniz zamanlarda sizin de çokça yaptığınız bir şey," diyorum ona.

"Ha ha! Evet, haklısın. Sanıyorum ben maceraya bayılan ama plan yapmayı hiç sevmeyen tuhaf bir Japon'um. Lao Tseu'nun şu özlü sözünü uyguluyorum hayatıma: 'Gerçek gezgin ne plan yapar ne de plana uymaya niyetlenir.'"

Héctor

Asıl soru "nerede?" değil, "kiminle?" olmalı

Çok planlı olmak olasılıklarımızı sınırlar ve ister fiziksel ister zihinsel olsun o seyahati sıkıcı kılar. Planlamanın fazlası, o çok güçlü tutkuyu öldürebilirken, kararsızlık bizi her gün yeni bir sürprizle karşı karşıya getirir. O halde kendimizi, ikigaimizi bulmak ve onu uygulamak konusunda spontanlığın yol gösterici gücüne bırakmamız son derece önemlidir. Eğer bir şehri veya bölgeyi keşfetmeye karar verdiysek, nereleri göreceğimizi detaylı bir şekilde planlamak yerine bu seyahate kimlerle çıkacağımıza odaklanmamız daha yerinde olur. Tıpkı günlük hayatta olduğu gibi, bize eşlik eden insanlar göreceklerimizden çok daha önemlidir: Yaşayacağımız deneyimi ilginç olduğu karar sıkıcı da kılabilecek güçte oldukları için, bu kişileri doğru seçtiğimizden emin olmalıyız. Asıl sorun, bu insanların bizimle aynı ruh haline sahip olmalarında yatar, çünkü seyahat sırasında birtakım kararlar vermemiz gerektiğinde hepimizin hemfikir olması gerekir.

Mükemmel bir şekilde yapılmış bir programa uyarak seyahat etmek, senaryosunu önceden okuduğumuz, dolayısıyla her sahnede ne olacağını bildiğimiz bir filmi izlemek gibidir. Eğer bir macera yaşamak ve yeni şeyler keşfetmek istiyorsak, bir uçak bileti almamız, ilk gece kalacağımız yeri ayarlamamız ve sezgilerimizi takip etmemiz yeterlidir.

Ikigai seyahat fikirleri

Seyahatinizi unutulmaz kılmak ve gittiğiniz yerlerden yeni projeler için ilham almak istiyorsanız, çok da bir şey yapmanıza gerek yok. Kendinize çok az sayıda hedef belirleyin, ama bu hedefler sizi en üst seviyede motive ediyor olsun. Bunun için, seyahat edilen bölgede yapılacak en ilginç ve tutkularınıza en uygun aktiviteleri keşfedin. Örneğin bir astronomi tutkunuysanız, size daha yakın olan seçeneklere sahip olsanız dahi Hawaii'ye bir uçak bileti alın ve Mauna Kea gözlemevini ziyaret edin. Gözlemevinde çalışanlarla sohbet edin ve seyahatinizin geri kalanını onların şekillendirmesine izin verin. İşte size, turistik rehberlerin dikte ettiklerinden ziyade tutkularınızla uyum içinde seyahat etmeniz için gereken birkaç tavsiye...

- İnternetten gideceğiniz yerde yapılacak, tutkularınızla alakalı etkinlikleri araştırın: Dans etmeyi mi seviyorsunuz, o zaman bir dans gösterisi etkinliği bulun; tiyatroyu mu seviyorsunuz, o halde bir gösteriye bilet alın; fotoğrafçılıktan mı hoşlanıyorsunuz, bir gruba katılın veya yerel bir atölyeye kaydolun.
- Rasgele gezin ve dikkatinizi çeken ne varsa oraya doğru sürüklenin.
- Yerel halkı takip edin. Aynı yöne giden çok sayıda insan görüyorsanız onları mutlaka takip edin, en sonunda şüphesiz

ilginç bir şey keşfedersiniz: yerel bir market, festival, dini bir kutlama...

- Otele gitmek yerine o şehirde yaşayan birinin evinde kalın. İnternet üzerindeki pek çok site, evlerinin tamamını veya bir odasını kiralamanıza izin veren gezginlerle ve yerel halkla iletişim kurmanızı sağlar.
- Yalnızca uçak biletinizi ve ilk gecenizde kalacağınız yeri ayarlayın. Devamını tesadüflere bırakın.
- Gittiğiniz yerde bir etkinliğe kaydolun. Örneğin bir yoga, resim veya yemek kursu... Çok az sayıda gezgin ziyaret ettikleri şehirlerde bu tarz kurslara kaydolarak macera yaşar. Üstelik bu tarz yerlerde yerel halkla tanışarak seyahatinizin keyfini daha çok çıkarabilirsiniz. Alaska, Anchorage'da bir öğle sonrasını bir yoga seminerinde geçirdiğinizde ne tarz insanlarla tanışabileceğinizi hayal edebiliyor musunuz?
- Şayet işler tahmin ettiğiniz gibi gitmezse de sakın endişelenmeyin. Anın tadını çıkarın çünkü seyahatiniz, geri döndüğünüzde anlatacağınız bir hikâyeden ibaret olacak.

33. Aşama: Kaizen

Devamlı değişim

Kaizen kelimesi Japoncada köken olarak "ıslah etmek, iyileştirmek" anlamına gelir. Bunun yanı sıra, Japon endüstrisi tarafından kullanıldıktan ve 2. Dünya Savaşı'nın ardından uluslararası çapta tüm iş dünyasına yayıldıktan sonra anlamı değiştirildi: Artık günümüzde "aralıksız değişim" veya "devamlı değişim felsefesi" olarak biliniyor. Zamanın büyük çoğunluğunda, kendimize belirlediğimiz bir hedefe ulaşmak için aralıksız çaba sarf etmenin, üst düzey bir operasyondan çok daha etkili olduğu kanıtlanmıştır.

Toyota: bir *kaizen* laboratuvarı

Toyota, endüstriyel yöntemlerini yetkinleştirmek için *kaizen*'e başvuran ilk topluluklardan biri olmuştur. Kapıcısından yönetim kurulu üyelerine kadar şirketin bütün çalışanları *kaizen*'e katılmaktadır. Kendi seviyelerine göre her biri, ıslah veya *muda* ("israf") olarak adlandırılan eleme konusunda görece kararlar alır. Ama katkıları, yersiz veya etkisiz sayılan süreçleri bertaraf etmekle sınırlı değildir. Aynı zamanda, iş ortamında değiştirdikleri veya tamamen ortadan kaldırdıkları bir etkenin insanlar üzerindeki olası sonuçlarını da dikkate alırlar. Kararlar düşünülmeden alınmaz. *Kaizen*'i uygulamak için, sayısız etken masaya yatırılır. Toyota'da en önemli unsurlardan biri, bir değişime kalkışmak için ona zaman tanımaktır. Bir ayarlama yapılmadan önce her bir detay titizlikle analiz edilir. Bu tarz bir işleyiş sayesinde Toyota, dünyanın en yüksek performanslı şirketlerinden birine dönüşmüş, ayrıca araçlara yönelik yapım hatası bakımından da çok düşük bir orana sahip olmuştur.

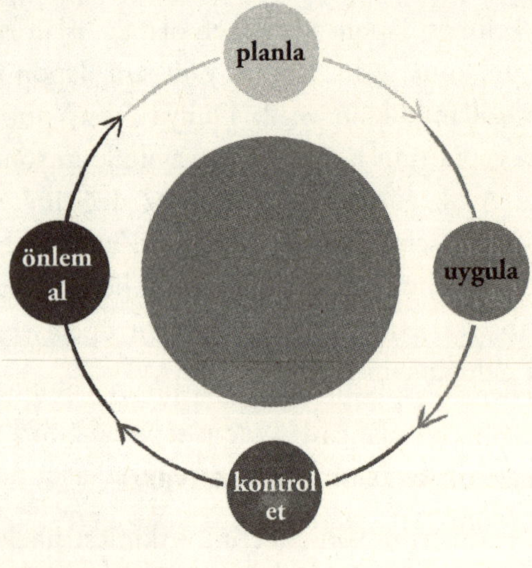

PUKÖ döngüsü

Kaizen metodu, PUKÖ döngüsü sayesinde iş hayatına olduğu kadar kişisel hayata da uygulanabilir. PUKÖ döngüsü kısaca şöyledir: Planla, Uygula, Kontrol et, Önlem al.

- **P evresi (planla):** Bu aşamada kendinize somut hedefler koyarsınız ve bu hedeflere ulaştıktan sonra elde edilen sonucun neye benzediğini gözünüzün önünde canlandırırsınız. Hedefler gerçekleştirilirken her bir aşamanın detaylı bir biçimde tarif edilmesi çok önemlidir. Kişisel bir durum söz konusuysa, gelecek seneye yönelik alınan kararlar yazıya dökülmelidir.
- **U evresi (uygula):** Bu, P evresinde belirtilen planı hayata geçirdiğimiz evredir. Buradaki kilit nokta veri toplamaktır. Kişisel durumlarda, örneğin spor yapmak gibi bir hedefiniz varsa, bu hedefi gerçekleştirdiğiniz zamanları not edeceğiniz bir takvim işinizi görür. Daha belirgin bir yöntem istiyorsanız, bugün tıpkı akıllı saatler gibi, gündelik yaşamınıza dair pek çok veriyi (örneğin atılan adım sayısı, tüketilen kalori, e-postalara cevap verilerek geçirilen zaman, şu ya da bu projeye ayrılan vakit vb.) kaydedebildiğiniz *quantified self** akımının türlü vasıtası size hizmet etmek için bekliyor.
- **K evresi (kontrol et):** Bu aşamada, U evresinde elde edilen veriler analiz edilir ve sonuçlar, P evresinde saptanan hedeflerle karşılaştırılır. Planlarınızın yolunda gidip gitmediğini, bu planlardan sapıp sapmadığınızı veya hedeflerinize ulaşıp ulaşmadığınızı teyit edersiniz. Eğer yapamadıysanız, sebeplerini araştırmanız gerekir.

Örneğin, Kaizen Enstitüsü kurucusu Masaaki İmai *Kaizen, Japonya'nın Rekabetteki Başarısının Anahtarı* adlı kitabında, kişinin kendine aşağıdaki soruları sormasının çok önemli olduğunu vurgular:

---

* Gün içinde kendinizi ölçümleme üzerine kurulu bir akım.

Planlar neden öngörüldüğü gibi gelişmedi?

Bu yöntemi neden daha etkili kullanamadım?

Neden spor salonuna yılın ilk iki haftası gittikten sonra bir daha giriş yapmadım?

Kendinizi daha farklı şekillerde de sorgulayabilirsiniz. Ama esas önemli olan, Masaaki İmai'nin "sorunun kökü" olarak adlandırdığı, karşılaştığınız zorlukların gerçek nedenini ortaya çıkarmak için sorularınızda "neden" kelimesini kullanmanızdır. Bir şeyin neden öngörüldüğü gibi işlemediğini bilmek, gerekli değişiklikler yapmak için önemlidir.

- **Ö evresi (önlem al):** U evresinde yaptıklarınız iyi sonuç verdiyse (ki bu sonuçları K evresinde kontrol ettiniz zaten), sizin doğru yolda ilerlemenizi sağlayan işte bu Ö evresidir. Eğer U evresindeki planlarınız düşündüğünüz gibi gitmediyse, birtakım düzenlemeler yapmanız gerekir.

Normal zamanınızda her sabah tam yarım saat boyunca piyano çaldığınızı düşünün. P evresinde, bir konser vermek istediğiniz için her akşam yemekten sonra bir saat piyano çalışmaya karar veriyorsunuz. Bir aylık U evresi boyunca, sabahları yarım saat piyano çalmak yerine bu işi akşama bırakıyor ve bir saatinizi ayırıyorsunuz. Bir ayın sonunda, K evresine geçerek piyanoya sabahtan ziyade akşamları daha iyi odaklanıp odaklanmadığınızı test ediyorsunuz.

Bir ay boyunca her akşam piyano çaldınız mı, yoksa çok yorgun olduğunuz için kaçırdığınız bir iki seans oldu mu?

Kendinizi çok iyi ve konsantre hissettiğiniz için bir saati aştığınız akşamlar oldu mu? Belki de size sabah değil de akşam vakitleri iyi geliyordur. Bu sorulara cevap verdikten sonra Ö evresine geçin: Değişim öyle çok belirgin değilse, baştan başlayın ve her sabah otuz dakika piyano çalmayı deneyin. Eğer akşamların daha etkili olacağını düşünüyorsanız, alıştırmanıza akşamları devam edin. Ö evresinde yaptıklarınız artık o andan itibaren sizin yeni başlangıç noktanız, hayatınızdaki yeni standardınız olacak.

Kaizen ile negatif motivasyon

1. Hayatınızda yapmanız gereken ama sürekli ertelediğiniz üç somut değişikliği maddeler halinde yazın (bunlar, kitabın diğer bölümlerinde kafanızda oluşan öncelikler de olabilir).
2. Her biriyle yüzleştikten sonra, bu değişiklikleri neden yapmanız gerektiğine dair açıklayıcı bir cümle yazın. Bu cümle size, zamanı geldiğinde harekete geçmeniz için gereken gücü verecektir.
3. Böyle bir değişikliği yapmadığınız takdirde geleceğinizin neye benzeyeceğini gözünüzde canlandırın. Örneğin, haftada iki gün spor yapmaya karar verdiyseniz şunu yazabilirsiniz: "Spor yapmaya başlamazsam, formda olmayacağım için on yıl sonra düzenli olarak doktora gitmek zorunda kalacağım." Buradaki amaç, değişimi etkin hale getirmek için içinizdeki gücü tetiklemektir.

Bir numaralı değişim: ....

Bunu değiştirmezsem ne olacak? ....

İki numaralı değişim: ....

Bunu değiştirmezsem ne olacak? ....

Üç numaralı değişim: ....

Bunu değiştirmezsem ne olacak? ....

Bir ayın sonunda bir bilanço çıkarmanız çok önemlidir. Plana titizlikle uyduğunuzdan emin olmanız ve hedeflerinize ulaşıp ulaşmadığınızı teyit etmeniz gerekir. Hedefinizi tam olarak gerçekleştiremezseniz de hüsrana uğramayın, önemli olan bu tersliğin sebebini bulmak ve çözüm üretmektir. Bir ay boyunca denediklerinizden daha farklı ve daha somut olan eylemlerle başka bir plan kurun.

Kendinize aşağıdaki soruları sorun:

- Bir ayın sonunda, bir numaralı değişimi neden başarıyla gerçekleştiremedim?
- Bir ayın sonunda, iki numaralı değişimi neden başarıyla gerçekleştiremedim?
- Bir ayın sonunda, üç numaralı değişimi neden başarıyla gerçekleştiremedim?

İşler istediğiniz gibi gitmezse, bunu bir başarısızlık olarak görmeyin. Einstein der ki, aynı yöntemi defalarca deneyerek farklı bir sonuç elde etmeyi ummak başarısızlığın sürmesine neden olur. Eğer devamlı aynı şeyi yaparsanız, hiçbir şey değişmez! Sıklıkla düştüğümüz hata, işte budur.

34. Aşama: Kyudo

Okçuluk sanatı

Bir tren, doğru yöne atılan bir ok gibi ya da tutkularını bilen ve bunlara göre yaşamak için her şansı değerlendirmeyi seçen bir insan gibi ilerler. Geçmişi bin yıllara dayanan bir disiplin olan kyudo, okçuluk sanatının temsili bir düzeyini oluşturur. Bu pratik, geçmişte savaşmak ve avlanmak, hatta zihni ve bedeni gündelik yaşama hazırlamak için zorunlu bir eylemdi. Okçuluk ruha idman yaptıran bir sanat olarak görülürdü, üstelik bu fikir Japonya'nın birçok bölgesinde benimsenmeye devam eder. Kyudo aynı zamanda bedeni, zihni ve zekâyı da çalıştırır, çünkü çeşitli birçok nitelik gerektirir: denge, sabır, yalınlık, zihinsel ve fiziksel istikrar. Okçuluk müptelaları gündelik yaşamın zorluklarıyla son derece sakin bir şekilde mücadele ederler ve dünyaya, birçok insanın sahip olamadığı yüce bir ifadeyle bakarlar.

Zen ve yay

Okçuluğun manevi boyutunun Avrupa'ya ulaşması büyük oranda Eugen Herrigel sayesinde olmuştu. 1885 Almanya doğumlu Herrigel, bir felsefe profesörüydü. Zen ve doğu kültüründen etkilenmişti ve bir Japon üniversitesine kabul edildi. Oraya gider gitmez kendini, zen felsefesi çalışmalarına adadı, ama işe özellikle okçuluk sanatından başladı. Ustası Awa Kenzo ile kurduğu diyaloglardan ilham alan Herrigel, keşfettiklerini ve öğrendiklerini kısa süre sonra Alman bir yayınevi tarafından fark edilecek makalesinde anlattı. Bu eseri daha sonra Japonca da dahil olmak üzere birçok dile tercüme edildi. Bu kitap günümüzde *Zen ve Okçuluk* adıyla bütün dünyada basılmaya ve hem Japon kültürünü hem de zen felsefesini konu alan eserler arasında bir klasik olarak görülmeye devam ediyor. Herrigel bu kitabında, okçuluğun sırlarını ve ustasının ona aktardığı zen öğretilerini ele alıyor. Japon kültürü tutkunu bu Alman profesör bizlere, okumayı kolaylaştıran sade diliyle, bu sihirli bağlantıyı günlük hayatımıza nasıl uygulayacağımızı, nasıl yeni tutkular edineceğimizi ve iç huzurumuzun efendisi olmak için ne yapmamız gerektiğini anlatıyor.

Sunduğu diğer şeylerin yanında Herrigel bizi aşağıdakileri yapmamız için motive ediyor:

- Sabırlı olmak ve hiçbir şeyi gerçekleşmesi için zorlamadan işleri oluruna bırakmak: "Hedefin merkezine ulaşmada ne kadar ısrarcı olursanız, ulaşmanız o kadar zor olur. (...) Yolunuza çıkan şey, aslında iradenizin, niyetinizin aşırılığıdır."
- Dayanıklı olmak ve her gün çalışmak, böylece, mesela *kaizen* yöntemi sayesinde halen daha çaba gerektiren görevlerin sonradan doğal ve akıcı bir hal almasını sağlamak.
- Alçakgönüllü olmak ve daha iyi olmak için başarısızlığı kabul etmek.

- Uysal olmak ve ellerimizin iplerin yakalanmasından önce tutmasını ve beynimizin de kasıtsız bir biçimde düşünmesini sağlamak.

"Hiçbir şey eskisi gibi uyum içinde olmayacak.
Başka gözlerle görecek, başka birimlerle ölçeceksiniz.
Bu bana da oldu ve bu sanatla ilgilenen herkese de olacak."

Eugen Herrigel, *Zen ve Okçuluk*

Yeni bir bakış açısı

Herrigel Avrupa'ya döndüğünde, etrafında olup bitenlere bambaşka bir perspektifle baktığının farkına vardı. Ve bizi kendi tecrübelerine dayanarak uyardı: Herhangi bir sanatla yoğun bir biçimde uğraşmak istiyorsanız, cesur olmanız ve dünyaya yeni bakış açılarıyla karşı koymanız gerekir. Tüm bu öğrenim ve dönüşüm, bizi dünyaya farklı bir açıdan bakmaya zorlayacak bir perspektif değişimi gerektirir. Okçuluk tüm manasıyla onda da böyle bir etki yaratmıştı: okçunun kendisine ve özüne karşı mücadelesi ve uzun vadeli rekabeti, bunun yanı sıra kişiyi huzura ve bilgeliğe götüren bir içsel devrim. Herrigel en nihayetinde Almanya'ya dönse de ve imajı Nazilere olan desteği yüzünden yerle bir olsa da, okçuluk sanatı ve zen pratiği konusundaki öğretileri değerli bir bilgi kaynağı olarak görülmeye devam ediyor. Onun, ruhuna ve Budizm felsefesine kapılmasını sağlayan yayı günümüzde o çok sevdiği Japonya'nın Kamakura tapınağında hayranlık görmeye devam ediyor.

"Okçunun hedefi kendisidir"

Bu, Herrigel'in kyudo ustasıyla geçirdiği tüm o günlerinin ardından şekillenen sonuçtur. Bu disiplinin manevi boyutu şu cümleyle özetlenebilir: Önemli olan okçunun gördüğü hedef değil, onun içindeki hedeftir.

Ne zaman kendinizle ya da dünyayla bir çatışma içine girseniz, tıpkı okçu gibi hedefiniz kendiniz olun ve kendinize aşağıdaki şu soruları sorun...

1. Bu tarz bir durumdan ne kadar sorumluyum?
2. Bu durumdan kaçınmak için nasıl hareket etmeliydim?
3. Bu durumu tekrar yaşamamak için psikolojik anlamda ne gibi değişimler göstermem gerekir?

35. Aşama: Toşogu

Üç maymun öğretisi

Seyahatimizin son durağı Japon ikonografisinin en kıymetli ve en önemli simgelerinden biri olan üç bilge maymuna ev sahipliği yapan ve Tokyo'nun kuzeyindeki Nikko kenti oluyor. Efsanevi Toşogu tapınağında bulunan ahşaptan yapılma üç maymun heykeli iç avludaki yapılardan birini süslüyor. İlk maymun kulaklarını kapatıyor, ikincisi ağzını ve sonuncusu da gözlerini. Bu simgesel yapının gizemli kökeni, Konfüçyüs'ün *a priori* yazıtlarından alınan bir Japon deyişine dayanıyor olabilir: "Kötüye bakma, kötüyü dinleme ve kötü söz söyleme." Üç bilge maymunun her birinin bir adı var: Mizaru (見ざる görmeyen), Kikazaru (聞かざる işitmeyen) ve İvazaru (言わざる konuşmayan). Tuhaftır ki isimlerin sonundaki *zaru* eki eski Japoncada hem maymun hem de "yapmamak" anlamına gelir. Bu deyişin 1636 yılında üç maymun heykeli tarafından tasvir edilmesinin sebebi hiç şüphesiz bu yüzdendir.

Üç filtre testi

Mizaru, Kikazaru ve İvazaru'nun mesajı Antik Yunan'ın ilginç bir anekdotuna yankı yapar.

Bir öğrencisi çok huzursuz bir şekilde Sokrates'in evine gider ve ona şöyle der: "Ustam! Size kötülük eden bir arkadaşınız hakkında konuşmak istiyorum."

Sokrates derhal sözünü keser: "Durun bakalım! Bunu bana söylemeden önce üç filtre testinden geçirdiniz mi?"

Sokrates'in ne dediğini anlamayan öğrencisi "Üç filtre testi mi?" diye sorar.

"Evet, tabii. İlk filtre **gerçeklik** filtresidir. Bana söylemek istediğiniz şeyin her şartta doğru olduğunu teyit ettiniz mi?"

"Şey, hayır... Komşular konuşurken duymuştum."

"En azından ikinci filtreden, yani **iyilik** filtresinden geçirdiniz mi? Bana ileteceğiniz mesaj en azından iyi mi?"

"Hayır, hatta tam tersi."

"Demek öyle!" diye cevaplar Sokrates. "Peki, o halde üçüncü filtreye geçelim. Bana söyleyeceğiniz bilgi **işe yarar** bir bilgi mi?"

"Dürüst olmam gerekirse, hayır. İşe yaramaz."

"Bu durumda," diyerek sonuca varır bilge adam, "bana söyleyeceğiniz şey ne doğru, ne iyi ne de işe yarar. En iyisi unutmak."

Sokrates'in üç filtresine göre, kişi üzerinde duygusal bir etki bırakacak şeyler söylemeden önce bunun doğruluğunu, iyiliğini ve işe yararlılığını test etmek gerekir.

Nasıl bir zihinsel evrende yaşamak istersiniz?

Ağzı kapalı maymun İvazaru, kötü sözlerin sansürlenmesini simgeleyerek Sokrates'in üç filtre felsefesini temsil eder. Bir eleştiri yapan ya da böyle bir haberi yayan kişi, ikigai gelişimi için gereken dayanağı derhal kaybeder. Hatta konuştuğu kimse, yokluğunda onu da eleştirmesinden veya onunla da alay etmesinden korkabilir, böylece o kişiyle arasına mesafe koyar. Aslı olan birtakım olumsuzluklar hakkında konuşmak yakın çevremizde eğlenceli olabilir, ama orta ve uzun vadede hiç de kârlı bir iş değildir. Bu davranış biçimi insanlar olarak bizim itibarımızı sarsar ve bizi diğerlerinin gözünde daha az güvenilir kılar.

Kulaklarını kapatan sol taraftaki maymun Kikazaru bir adım öne çıkarak manevi anlamda kusursuzluğumuzu sorgular. Başkaları hakkında olumsuz bilgiler yaymamaya ek olarak bunu yapan insanları da dinlemeyi reddedip, zihnimizin yararsız dedikodularla zehirlenmesini önlersek, iyi eylemlere ve ikigaimizin gelişimine yer açmış oluruz.

Gözlerini kapatan sağdaki maymun Mizaru bize, kötü yöne bakmamayı öğretir ki bu da üç filtrenin son aşamasıdır. Başkaları hakkında olumsuz bilgiler yayan insanları dinlememeye ek olarak, önce kendimizden başlayarak dikkatimizi (hem görme hem de diğer duyularımız) herkese fayda ve yarar sağlayacak şeylere verirsek, düşlerimizi gerçekleştirmek üzere çok büyük bir adım atmış oluruz.

Üç bilge maymun egzersizi

Mizaru, Kikazaru ve İvazaru'nun öğretisini uygulayarak, yaşamınızı düşünün ve aşağıdaki sorulara cevap verin...

1. Televizyon izlerken, radyo dinlerken, internette gezinirken veya gazete okurken büyük oranda olumlu mu yoksa olumsuz bilgilere mi dikkat ediyorsunuz? Eğer olumsuz bilgilere bakıyorsanız, daha çok kültürel içerikleri tercih edin ve teknoloji, psikoloji veya sizi zenginleştirmeye elverişli bir alanın haberleriyle ilgilenin.
2. Sohbetleriniz sırasında, başkalarını eleştirenlerin oyununa katılma eğilimi gösteriyor musunuz? Eğer öyleyse, sizi ne

daha iyi ne de daha üretken yapan kötülükle beyninizin yıkanmaması için, konuşmayı başka yöne çekmeye çalışın. Zaman geçtikçe kötü niyetli konuşmacınız bu tarz konulara ilginizin olmadığını anlayacak ve kendine başka bir suç ortağı arayacaktır.

3. Sohbetleriniz sırasında, insanların en iyi özelliklerini geliştirmeleri için onlara yardım ediyor musunuz? Şayet bunu yapmıyorsanız, başkalarının size ayna görevi gördüğünü unutmayın. Onlara sunduğunuz her yardım ve minnettarlık size geri döner.

İçinizdeki ikigainin gücünü ortaya çıkarın

Hayat amaçlarınızla uzlaşın

Rutine hapsolup sorumlulukların çarkına kısılarak günler, aylar, hatta yıllar geçiriyor; hayatımızı gerçek anlamda yaşasak ne olur ya da başkalarının bizden beklediği şeyleri yaparak hayatta kalabilir miyiz diye merak edip duruyoruz. En son kendinizi, hayattaki amacınızı düşünmeye ne zaman zorladınız?

Son egzersizimiz için bir fincan çay ya da sevdiğiniz bir içeceği alın ve önünüze bir kalemle kâğıt koyun. Acele etmeyin, baskı yok! Ev veya ofis işi, kurslar veya tatil organizasyonu... Yapacak çok iş var, ama bunlar ikigainizle uzlaşmanızı sağlayacak kadar önemli mi? Bu egzersizi daha iyi koşullar altında yapmak için sizi meşgul eden her şeyi bir kenara kaldırın. Bu, hayatınıza yeni bir soluk kazandırabilir. Şimdi, ikigainizle mükemmel bir osmozla ilerlemenizi sağlayacak bir pusula yapacaksınız. Gelecekte yolunuzu kaybederseniz, doğru yolu bulmak için bu pusulaya danışabilirsiniz.

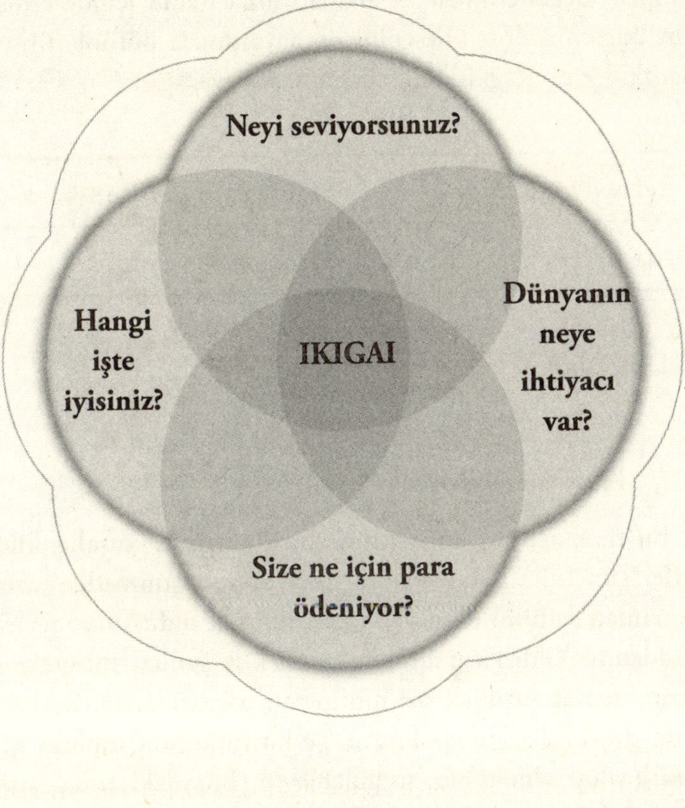

Dört bileşenli ikigai

Çağdaş toplum bizi, davranışlarımızdan ve düşüncelerimizden fayda sağlamamız için teşvik eder. Bu da, bütün enerjimizi bu çeyreğin alttaki bileşenine yöneltmek demektir. Yalnızca parayı düşünürsek ve diyagramın diğer bileşenlerini hiçe sayarsak, hayatımız anlamını kaybeder. Ele alınan 35 aşamadan sonra, bu son egzersizi yapmaktaki amacımız, yaşamımızın değerlerimizle ve arzularımızla uyum içinde olması için ikigainin dört bileşenini de hayatımızla bütünleştirmek olacak. İşe bir kâğıdı dörde bölerek başlayacağız.

Neyi seviyorum?	Dünyanın neye ihtiyacı var?
Bana ne için para ödeniyor?	Hangi işte iyiyim?

Dörtlünün sol üst köşesinden başlayalım.

Neyi seviyorum?

Bu egzersizin en kolay kısmı. Sizi mutlu ve göz alıcı kılan şeyleri not edin. Kafanızdan ne geçiyorsa, düşünmeden yazın. Tamamen samimi olun ve sadece tutkulu olduğunuz şeylere odaklanın. Yıldızların altında uyumak hoşunuza mı gidiyor? Yazın. Yemek yapmak sizi mutlu mu ediyor? Yazın. Başkalarının düşüncelerine takılmayın ve bu tutkunun toplum için yararlı olup olmadığını sorgulamayın. Buradaki amaç, sizin mutlu olmanızı sağlayan şeyleri yazmak. Her cümleyi, "… beni mutlu ediyor" şeklinde bitirin.

Dünyanın neye ihtiyacı var?

Vaktimizin büyük bir bölümünü sevdiğimiz aktivitelere ayırırsak, mutluluk duygumuzu işlemiş oluruz. Gelgelelim, buradaki risk yalnızca kendimizi düşünmektir. Okinawa'ya yaptığımız seyahatte, herkesin uzun ve sağlıklı yaşamak için birbirine yardım ettiği bir topluluğa, bir *moai*'ye ait olmanın önemini tartmıştık. Bizi insan yapan gizemlerden biri de, çevremizdeki insanlar için yararlı olduğumuzu hissetmektir.

İkinci dördünde, başkalarının ihtiyaçlarını not edeceğiz; sadece ailemizin ve dostlarımızın değil, herkesin! Cümlelerinizi şu şekilde kurabilirsiniz: "Sevdiğim insanın … ihtiyacı var." Daha sonra, "Dünyanın … ihtiyacı var," ya da "İş arkadaşlarımın … ihtiyacı var" ve "Çocuklarımın okulunun … ihtiyacı var" gibi daha somut bir cümle de yazabilirsiniz.

Bana ne için para ödeniyor?

İlk iki dördünde yazdıklarımızı uygulayabilirsek, mutlu olabiliriz ve başkaları için faydalı olduğumuzu hissedebiliriz, ama aynı zamanda ihtiyaçlarımızı karşılamak ve projelerimizi hayata geçirmek için de para kazanmamız gerekir. Okinawa'daki Ogimi kasabasında, 80 ila 90 yaşındaki yaşlıların büyük bir çoğunluğunun kendilerine para kazandıran aktivitelerine devam ettiklerini görünce epey şaşırmıştık. İçlerinden bazıları yerel marketlerde sebze, diğerleri de sanat eserleri satıyordu. Örneğin, 93 yaşındaki Yuki kendi yaptığı deri çanta ve cüzdanları satıyordu. Yeteneğimizin karşılığında para istemekten utanmamalıyız. Bu, yetenekli olduğumuz bir eylem ile hayat verdiğimiz ekonomik bir faydayı birleştirmek demektir. Bize anında para olarak geri dönecek veya gelecekte para kazandırma potansiyeli olan şeyler vardır. Warren Buffet gibilerinin de onayladığı üzere, refaha ulaşmanın sırlarından biri acele etmeden, uzun soluklu düşünebilmeyi öğrenmektir.

Üçüncü bölümde, bizi mutlu edip etmediğini sorgulamadan, para kazanmamızı sağlayan her şeyi kâğıda dökeceğiz. Örneğin: "Bugün geçimimi ... ile sağladım." Bitirirken, şu cümleyi tamamlayarak olası başka gelir kaynaklarını düşünün: "Gelecekte geçimimi ... ile sağlayacağım."

Hangi işte iyiyim?

Hayatımız boyunca, potansiyelimizin gelişimini frenleyen ve kendi yolumuzu bulmamızı engelleyen çok güçlü duygusal deneyimler yaşarız. Örneğin, kötü bir matematik ya da müzik öğretmenimiz olduysa, hiç kuşkusuz matematikte başarılı olamayacağımızı ya da müzik için yaratılmadığımızı söyleriz. Arzularımızı sıklıkla dizginlememizin sebebi basitçe "başarılı olmadığımıza" karar vermemiz veya başkalarının bizi buna inandırmış olmasıdır. Ama aslında ne istiyorsak o olabiliriz, ayrıca yeteneğimizin ne olduğunu bizden daha iyi kim bilebilir? Başkalarının size söylediklerini bir köşeye atın ve tüm samimiyetinizle ne düşündüğünüzü yazın. Bu dördündeki cümlelerinizi şu şekilde kurabilirsiniz: "Ben ... yapmakta iyiyim." Zaten sahip olduğunuz niteliklerinizin yanı sıra, şans verdiğiniz takdirde geliştirebileceğiniz yetenekleri bir düşünün: "Kendime şans verirsem, gelecekte ... yapmakta iyi olacağım."

Bu noktada, dört bileşenli ikigai pusulanız Héctor'unki gibi olmalıdır.

1. Neyi seviyorum?	**2. Dünyanın neye ihtiyacı var?**
• Yazmak beni mutlu ediyor. • Ailemle ve arkadaşlarımla seyahat etmek beni mutlu ediyor. • Sinemaya gitmek beni mutlu ediyor. • Video oyunları oynamak beni mutlu ediyor. • Kahve içmek beni mutlu ediyor. • Okumak beni mutlu ediyor. • Sevdiğim insanlarla tartışmak beni mutlu ediyor. • Yürümek beni mutlu ediyor. • Fotoğraf çekmek beni mutlu ediyor. • Müzik dinlemek beni mutlu ediyor. • Yaratıcı boş vakitler beni mutlu ediyor. • Bilgisayarda kod yazmak beni mutlu ediyor.	• Arkadaşım Alfredo'nun konuşmaya ihtiyacı var çünkü işten çıkarılmak üzere. • Benimle zaman geçirmek isteyen ailemin bana ihtiyacı var. • İş arkadaşlarımın, onlarla daha çok iletişimde olmama ve onlara yardım etmeme ihtiyaçları var. • Arkadaşlarım Pepe ve Juan'ın onlarla zaman geçirmeme ve onlara, bana her zaman güvenebileceklerini söylememe ihtiyaçları var. • Okuyucularımın onlara daha çok vakit ayırmama ihtiyaçları var, üstelik sadece kitap ya da internet sitesi üzerinden değil. • Dünyanın daha çok sevgiye ve daha az nefrete ihtiyacı var. • Dünyanın diğerkâmlığa daha çok ihtiyacı var.
3. Bana ne için para ödeniyor? Bugün geçimimi Tokyo'da çok uluslu biri için çalışarak sağlıyorum. Gelecekte geçimimi : • birikimimi, birkaç yıldır aklımda olan ama hayata geçirmeye bir türlü cesaret edemediğim şu çevrimiçi işi kurmak için kullanarak; • daha çok kitap yazarak; • fotoğraflarımı satarak; • Japon kültürü hakkında konferanslar vererek; • bugün sahip olduğum parayla güvenilir finans yatırımları yaparak sağlayacağım.	**4. Hangi işte iyiyim?** Bugün : • internet sitesi yapmakta; • sayısız bilgi kaynağı bulmakta, sınıflandırmakta ve sentezlemekte; • gerçekler üzerine yazı yazmakta; • fotoğraf çekmekte iyiyim. Gelecekte : • kurgu kitap yazmakta; • kendi şirketimi yönetmekte; • yoga yapmakta; • müzik bestelemekte iyi olacağım.

Eyleme geçin

Buraya kadar geldiyseniz ve dört birleşeni tamamladıysanız: Tebrikler! Başarının tohumu artık içinizde! Bu egzersizin ikinci bölümünde kendinizi, ikigainizi açığa çıkarmanıza yardım edecek bir dizi karar almaya adayacaksınız.

Bu işin sırrı, basit bir izleyici olmaktan çıkarak kendi hayatınızın oyuncusu olmaktır. Hayat amacınızı bulmak sihirle, tesadüfen ya da vahiyle olmayacak. Gerçek tutkularını bulmayı başarmış insanların hikâyelerini pürdikkat dinlerseniz, bunun ne tesadüfen ne de sihirli bir değnek yardımıyla olduğunu görürsünüz. Alanlarında iyi olmaları ve bunu bir tutku haline dönüştürmeleri, sebatkârlıklarına ve kendilerine verdikleri sözü tutmalarına bağlıdır. Çoğu gelir kaynaklarını ve tutkularını az çok küçük yaşlardan itibaren zamanla keşfettiler. Ama her biri ikigailerini keşfetmeden önce sıklıkla birçok engelle karşılaştılar ve defalarca yeniden denemek zorunda kaldılar. İşte sizi de tutkunuza ulaştıracak eylem planı.

EYLEM → TUTKU

Pepsi Cola'nın eski CEO'su Donald Kendall'ın da dediği gibi, "Yalnızca sözlüklerde başarı, işten önce gelir." Eyleme geçmek için bin bir türlü yolunuz var: haftalar boyu yazıp sildiğiniz şu e-postayı göndermek, resim kursuna yazılmak, çalışmaktan hoşlanmıyorsanız istifa etmek, gerçekten âşıksanız evlenmek, yıllardır geçinemediğiniz eşinizden boşanmak, her zaman hayalini kurduğunuz şu tatile çıkmak... Kilit nokta, yapmaktır. Hiç kimseden izin almak zorunda değilsiniz. Bu, sizin hayatınız.

Şimdi, ikigainizin dört bileşenini yazdığınız kâğıdı bir kez daha elinize alın ve yeteri kadar vakit ayırmadığınızı düşündüğünüz, sizin için önemli olan ama son zamanlarda ihmal ettiğiniz maddelerin altını çizin. Hayatınızın unutulmuş kısımlarını canlandırmak ve ikigainizi uyandırmak için, derhal harekete geçeceğiniz üç maddeli bir somut eylem listesi hazırlayın. Bir önceki örneğimizden yola çıkarak, eğer bir müzik aleti çalmayı biliyorsanız ve bir beste yapmak istiyorsanız, şu listeyle başlayabilirsiniz:

- Sizi en çok etkileyen melodi ve şarkıları defalarca dinlemek;
- Uyumu algılayabilmek için bir parçayı, piyanoda ya da başka bir müzik aletiyle çalmayı öğrenmek;
- Kendinize ait bir parça bestelemek.

Yörüngeyi gerekli durumlarda değiştirin

Eğer hiçbir zaman memnun olmayacağınızı veya günleri sorunlarınızı kafanızda evirip çevirerek geçireceğinizi düşünüyorsanız, dördünlerinizi bir kez daha gözden geçirin. Ayrıca, dört bileşenli ikigaiyi hayatınızın içine yerleştirdiğinizden emin olun. Kendinize kaliteli sorular sorun: Sadece para kazanmanın yolunu mu arıyorsun? Tutkularına yeteri kadar vakit ayırıyor musun? Bu düşünce anları sizi karar vermeniz, işe yaramayan şeyleri elemeniz ve yenilerine başlamanız için motive eder.

Yörüngeyi değiştirme vaktinin geldiğini düşünüyorsanız, başlangıçta biraz korkabilirsiniz. Bir kez değiştirdiniz mi, korkunuzun yersiz olduğunu anlarsınız. Sizde tutku uyandırmayan şeyleri bir kenara atın ve dördünlerinize yeni fikirler ekleyin. Tıpkı hayat gibi ikigai de sabit ya da değişmez bir şey değildir. Eğer ihtiyaç duyuyorsanız yolunuzu değiştirin. Hayat, olduğunuz yerde sayıklamak için çok kısa. İşe yaramaz olanı eleyin, yeni eylemlere girişin, ama engellere de boyun eğmeyin. Eğer bunları yapmazsanız, yeni veya heyecan verici hiçbir şeyle karşılaşmazsınız.

Son, sadece bir başlangıçtır

Burada bir yolculuk sona eriyor, bir diğeri başlıyor. İşlediğimiz 35 aşamanın her birinde, hayat amaçlarımızı keşfetmek, maksimuma çıkarmak ve daha iyi yönetmek için faydalı birtakım araçlar keşfettik. İçinizdeki ikigaiyi keşfetmek için okuduğunuz bu kitabı 35 kilit noktanın ardından kapatıyor ve kendi geleceğinizi yaşamaya başlıyorsunuz. Kişinin tutkularının peşinden gitmesi ve bunu başkalarıyla paylaşarak daha da büyütmesi, insanoğlunun kendi için belirlediği hedeflerin en güzelidir.

Hepinize teker teker iyi dileklerimizi sunuyor ve sizlere aşağıdaki satırlarla veda ediyoruz.

"Bize buraya kadar eşlik ettiğiniz için teşekkürler.

Eğer bu kitaptaki bazı aşamaları hayata geçirirseniz,

içinizdeki ikigaiye güç verecek

ve hedeflerinize ulaşmanızı sağlayacak

büyük değişiklikler elde edersiniz.

Ancak, hedefleri fazlasıyla ciddiye almak

gibi bir hataya da düşmeyin.

Her zaman gülümseyerek ilerleyin,

kendinize hata yapma şansı verin

ve hem kendinizle hem de başkalarıyla
öğrenmeye devam edin.
Nerede olursanız olun ve ne yaparsanız yapın,
istediğiniz her şeyi yapabileceğinizi
ve her şeyin sizin elinizde olduğunu unutmayın."

Héctor García (Kirai) & Francesc Miralles

İçinizdeki ikigaiyi hayata geçirmek için 35 kilit nokta

1. Bir şeyi yüzde 10 oranında geliştirmek istiyorsanız, onu yüzde 100 geliştirebileceğinizi hayal edin.
2. Ajandanıza yapılması "imkânsız" olan en az bir şey ekleyin.
3. Amacınıza ulaşmak için sabırlı ve sebatkâr olun.
4. 21 gününüzü olumlu ve yeni bir alışkanlık edinmeye adayın.
5. Güvendiğiniz kişilerden geribildirim isteyin.
6. Kendinize, tutkunuzu keşfetmek üzere size yol gösterecek bir akıl hocası bulun.
7. Projeye dönüştürebileceğiniz bir şeyi örnek alın ve geliştirin.
8. Sevdiğiniz ve sevmediğiniz şeyleri eleyerek keşfedin.
9. Her hafta, geliştirmek istediğiniz bir erdem üzerinde çalışın.
10. Beraber kavramak ve beraber gelişmek adına, tutkularınızı sizinle aynı ruh halinde olan kişilerle paylaşın.
11. Konfor alanınızın dışına çıkın ve yeni bölgeler keşfedin.
12. Acil olan önemli konulara öncelik verin.
13. Başlıca veya kazançlı olmayan her şeyden soyutlanın.
14. Projelerinize, size harekete geçmeniz için gereken ilhamı verecek isimler takın.

15. Çocukluk hayallerinizi ve değerlerinizi yeniden keşfedin.
16. Motive olmak için yaşamınızdaki büyük başarılarınızı hatırlayın.
17. En yakın arkadaşlarınıza odaklanın ve onlara hak ettikleri değeri verin.
18. Şimdiki zamanı anlayabilmek için geçmişte başınıza gelen olayları birleştirin.
19. Ekranlardan ve sanal dünyadan bir müddet uzaklaşın.
20. Yemeklerinize ve boş zamanlarınıza *slow life* tekniğini uygulayın.
21. Dağılmadan, bir seferde tek bir şeye odaklanın.
22. Her gün en az beş dakikanızı kişisel bir konu üzerine yazmaya ayırın.
23. Duygularınızı açığa çıkarmak için *haiku* sanatıyla tanışın.
24. Yaşamınızın her döneminde önemli kararlar almayı öğrenin.
25. Cevabını bilmediğiniz soruları düşlerinize danışın.
26. *Enso* çemberi çizerek akışa kapılın.
27. Haftada bir *koan* çözün.
28. Günlük aktiviteleriniz sırasında farkındalık egzersizi yapın.
29. Mutlu tesadüflere ve diğer rastlantılara kapılarınızı açın.
30. Her gün bencillikten uzak bir davranış sergileyin.
31. Sizi mutlu eden insanlara düzenli aralıklarla kucak açın.
32. Arada sırada bir maceraya atılın ve sürprizlerle karşılaşmaya hazırlıklı olun.
33. *Kaizen* ile ikigainizin gelişimini bütünleştirin.
34. İlerlediğiniz yolda kendinizi, sizi geliştirecek oklara verin.
35. Olumsuzluklardan uzaklaşın.

Teşekkürler

Ne olursa olsun her daim yanımızda olan ailemiz ve dostlarımıza;

İmkânsızı olanaklı kılan Sandra Bruna ve ekibine;

Müthiş bir dost, arşivci ve editör olan Carol'a;

Harika bir son okuma yapan Vicente, Rosa, Carlos ve Rodrigo'ya;

Kitabımız aracılığıyla ikigai felsefesini insanlarla buluşturan dünyanın dört bir yanındaki yayıncılara;

Bilgi paylaşımını bir tutkuya dönüştüren kitapçılara;

İlham verici desteklerini ve şefkatlerini bizden esirgemeyen tüm okuyuculara çok teşekkür ederiz.